以案释法解读《民法典》系列丛书

民法典时代
如何守护我们的
婚姻和财产

吴晓洁 主编

浙江工商大学出版社
ZHEJIANG GONGSHANG UNIVERSITY PRESS
·杭州·

图书在版编目（CIP）数据

民法典时代，如何守护我们的婚姻和财产 / 吴晓洁
主编. — 杭州：浙江工商大学出版社，2021.1
（以案释法解读《民法典》系列丛书）
ISBN 978-7-5178-4300-9

Ⅰ. ①民… Ⅱ. ①吴… Ⅲ. ①婚姻法－法律解释－中
国②财产继承－法律解释－中国 Ⅳ. ①D923.05

中国版本图书馆CIP数据核字(2021)第012822号

民法典时代，如何守护我们的婚姻和财产
MINFADIAN SHIDAI, RUHE SHOUHU WOMEN DE HUNYIN HE CAICHAN
吴晓洁 主编

策划编辑	徐 凌	
责任编辑	徐 凌	
封面设计	冯明娟	
责任印制	包建辉	
出版发行	浙江工商大学出版社	
	（杭州市教工路198号 邮政编码310012）	
	（E-mail：zjgsupress@163.com）	
	（网址：http://www.zjgsupress.com）	
	电话：0571-88904980，88831806（传真）	
排 版	杭州彩地电脑图文有限公司	
印 刷	浙江全能工艺美术印刷有限公司	
开 本	880 mm×1230 mm 1/32	
印 张	7.125	
字 数	147千	
版 印 次	2021年1月第1版 2021年1月第1次印刷	
书 号	ISBN 978-7-5178-4300-9	
定 价	49.00元	

本书编委会

主编：吴晓洁

编委（排名不分先后）：

郭桂花	吴晓洁	王雅琴	吕　婷
吴　甜	李煜懋	颜瑜旭	黄举维
张玲燕	黄方德	程金霞	王加玺
林　柯	徐灿飞	甘海滨	陈艳芳
梅　钰	冯雨禾		

前　言

2020 年 5 月 28 日，第十三届全国人民代表大会第三次会议表决通过了《中华人民共和国民法典》（以下简称"《民法典》"），并于 2021 年 1 月 1 日起正式实施。与此同时，原《中华人民共和国婚姻法》《中华人民共和国继承法》《中华人民共和国民法通则》《中华人民共和国收养法》《中华人民共和国担保法》《中华人民共和国合同法》《中华人民共和国物权法》《中华人民共和国侵权责任法》《中华人民共和国民法总则》同时废止。

作为我国第一部以"典"命名的法律，《民法典》被誉为"社会生活的百科全书"，它是民事权利的"宣言书"，无论你处在人生哪个阶段，《民法典》都能为你提供保障。

法律并非一成不变，而是随着社会的进步不断更新完善，常修常新。《民法典》的正式施行，必将对千家万户的婚姻家庭、住房财产等产生影响。然而，对律师而言，《民法典》的内容已经足够纷繁复杂。专业法律人士尚需花费大量的时间、精力，对与婚姻家庭与继承相关的法律条文及司法解释进行系统解读与细致理解，普通人要对其准确把握并学以致用，显然更为艰难。

作为专业从事婚姻家庭与财富管理领域的律师，常常有当事人向我提出类似的疑问："如果对方出轨，离婚时是不是可以让他'净身出户'？""女儿和女婿婚姻不稳定，如何操作才可以让我的财产只给我的女儿一人继承，而不被其他人分走？""丈夫瞒着我在外面借钱不还，债主找我还钱，我是不是也要承担还款义务？""如果我是家暴受害者，如何安全度过离婚冷静期？""我的淘宝店铺及我的游戏账户是否可以和房产与存款一样被继承？"……围绕婚姻家庭生活的诸如此类的疑问，是每个人都十分关注的内容。这也让我意识到，普通人对于《民法典》，尤其是对于"婚姻家庭编"与"继承编"的相关法律内容的学习需求十分迫切。

鉴于此，作为北京盈科（杭州）律师事务所婚姻家庭与财富管理法律事务部负责人，我主动提议部门律师合力撰写一本普法书籍，既联系我国立法现状，又结合司法实践，通过以案释法的形式，展现新时代婚姻家事领域的司法实践现状。我们力图将晦涩难懂的法条变成生动有趣的故事，以通俗易懂的方式，让普通老百姓真真切切地理解与自己生活息息相关的法律规定，给自己的婚姻家庭加一道保险。

本书分为"婚姻篇"与"继承篇"两个篇章，共计21个主题。与原《中华人民共和国婚姻法》《中华人民共和国继承法》相比，《民法典》"婚姻家庭编""继承编"展现出的创新点、重点和亮点，给我们提供了创作灵感，同时，这些也是普通百姓关注度较高的内容。我们还在每个主题之后增加了"律师建议"环节，结合自身办案经验，提供一些具有实操性的建议，并提炼文中的精华，方便读者理解运用。此外，我们还在本书最后，提供了"《意定监护协议》模版"与"《遗嘱》模版"，供大家参考。

　　感谢北京盈科（杭州）律师事务所婚姻家庭与财富管理法律事务部所有同事为本书出版所付出的努力，感谢浙江工商大学出版社徐凌编辑及整个编辑团队为本书的定稿、勘误付出的心力，同时，感谢所有亲友对本书出版的支持！

吴晓洁

2021 年 1 月 7 日

目 录
CONTENTS

婚 姻 篇

继 承 篇

婚姻篇

扎心了，结婚一个月后
发现老婆有精神病

我们知道，2003 年之前，新人在登记结婚前是必须要做婚前体检的，其初衷是为了保障下一代的健康。2003 年《婚姻登记管理条例》颁布后，婚前体检实行自愿原则，结果主动做婚检的新人比例大幅减少。有数据显示，2000 年我国婚前检查率为64.6%，2005 年即强制婚前体检取消 1 年多后，全国婚前体检率呈断崖式下跌，低至 2.9%，其结果是很多身体健康状况不适合结婚的人走进了婚姻。

国家取消强制婚检制度，当然是一种进步。但是，婚前体检真的不重要吗？

大量案例告诉我们：不做婚前体检，幸福生活的小船可能说翻就翻！譬如甲男婚前不知道乙女患有严重的抑郁症，结婚后才发觉不对劲，该怎么处理这一段婚姻关系呢？

结婚是人生大事，要慎重。结婚前一方除了要了解对方的人品、性格及家庭之外，了解对方的健康状况也很重要。但是，很多人没有想过要做婚前体检，可能有人觉得两人在一起时间挺长的，彼此都很了解，没有必要，也有可能有一方不想让对方知道自己的健康状态、生育史等，担心检查出什么反而影响感情。然而这样做真的有利于婚姻的稳定和长远吗？未必如此。

《民法典》明确将隐瞒重大疾病作为婚姻可撤销事由。《民法典》第一千零五十三条规定："一方患有重大疾病的，应当在结婚登记前如实告知另一方；不如实告知的，另一方可以向人民法院请求撤销婚姻。"可以说，法律规定再一次肯定了婚姻中配偶健康"知情权"的重要性。

① 体检医生为了保护患者隐私，可以不告知患者伴侣其患有重大疾病吗？

2015 年 3 月，河南省永城市的小新和女友小叶办理婚姻登记后，前往河南省永城市妇幼保健院婚检。当班医生告知小叶，她疑似感染艾滋病毒。但当小新询问医生小叶的婚检结果时，却被告知结果一切正常。1 个月后小新前往外地打工。2015 年 6 月初，小叶接到河南省永城市疾控中心打来的电话，她已经被确诊为 HIV 阳性。之后，小新经检查也被确诊感染艾滋病。小新一怒之下将婚检医院告上法庭。这就是曾经轰动一时的"永城婚检案"。

在"永城婚检案"中，医生的答复是：根据《执业医师法》中保护患者的隐私及《艾滋病防治条例》中"未经本人或者其监护人同意，任何单位或者个人不得公开艾滋病病毒感染者"的规定，医生需要保护小叶的隐私，无权将婚检结果如实告知小新。

当班医生为保护患者小叶的隐私，未将婚检结果如实告知小新，其做法从表面看似乎符合医生的职业操守。但我认为，该医生的做法并不符合卫生部颁布的《婚前保健工作规范（修订）》中"发现指定传染病在传染期内、有关精神病在发病期内或其他医学上认为应暂缓结婚的疾病时，注明'建议暂缓结婚'"的规定。

原《婚姻法》第七条也规定："患有医学上认为不应当结婚的疾病的，禁止结婚。"

很显然，生命健康权是至高无上的。在隐私权与生命健康权发生冲突时，我们应当尊重更上位的权利——生命健康权。这个案例原本是可以避免的悲剧，却因医生保护患者隐私权而行"善意的隐瞒"，最终造成更大的伤害，真是可悲可叹！

② 夫妻一方在婚前隐瞒重大疾病，另一方该怎么办？

我们曾遇到过这样的案例：新婚没多久，女方发现男方患有艾滋病，原来男方婚前隐瞒了病史，女方气恼不已，决定分开。

还有一个案例：男方在农村，经人介绍与女方相亲，见了几次面后觉得合适，就决定跟女方结婚，很快就给了女方父母十几万元的彩礼钱，结果娶回来一起生活了之后，才发现女方患有精神疾病，根本无法与之共同生活。男方为此深受其扰。

这两个案例都属于婚前隐瞒重大疾病的情况，那么问题来了，他们究竟该提离婚呢，还是要求撤销婚姻呢？

针对配偶婚前隐瞒重大疾病的情形，原《婚姻法》和现行《民法典》对此的处理是不同的。原《婚姻法》第十条规定，若婚前患有医学上认为不应当结婚的疾病，一般有三类：（一）指定传染病，一般指《中华人民共和国传染病防治法》（1989年9月1日起施行）中规定的艾滋病、淋病、梅毒、麻风病等医学上认为影响结婚和生育的其他传染病。（二）严重遗传性疾病，是指由于遗传因素先天形成，患者全部或部分丧失自主生活能力，后代再现风险高，医学上认为不宜生育的遗传性疾病。经男女双方同意，采取长效避孕措施或者实行结扎手术后不生育的，可以结婚。但《婚姻法》规定禁止结婚的除外。（三）有关精神类的疾病，是指精神分裂症、躁狂抑郁型精神病及其他重型精神病。上述疾病在婚后尚未治愈的，属于无效婚姻；若不属于医学上认为不应当结婚的疾病范围的，那么被隐瞒的一方只能通过离婚来解除双方的婚姻关系。而《民法典》施行后，根据第一千零五十三条的规定，被隐瞒一方可以直接向法院申请撤销婚姻。但需注意的是，请求撤销婚姻的，应当从知道或应当知道撤销事由之日起 1 年内提出。

也就是说，被隐瞒一方在知道或应当知道权利被侵害的 1 年内去有管辖权的法院提出撤销婚姻，便是合法的。如果结婚 1 年后，对方犯病了，配偶这才得知对方婚前患有医学上认为不应当结婚的疾病，配偶可以在此后的 1 年内提出撤销婚姻关系。如果 1 年后再提出，则不予支持。

③ 婚前隐瞒重大疾病，为什么仅赋予被隐瞒一方撤销婚姻的权利呢？

小明患有禁止结婚的疾病，但小静还是和小明结婚了。结婚几年后，小明因为该疾病去世，留下婚前 1 套房子、婚后 2 套房子。小静伤心欲绝，正准备处理财产时，小明的父母却反对，并对小静说："我儿子婚前患有禁止结婚的疾病，根据以前的《婚姻法》，你们之间的婚姻是无效的，你们根本不是合法夫妻，所以你无权继承和分割我儿子的财产。"

《民法典》施行后，小明父母的说法就不对了。首先，因为《民法典》不再将患有禁止结婚的疾病作为婚姻无效的情形之一；其次，一方患有重大疾病未在结婚前告知配偶的，可以申请撤销婚姻的是被隐瞒的配偶，而不是实施隐瞒病情的一方当事人。也就是说，一方婚前隐瞒重大疾病的，另一方可撤销婚姻，也可以选择不撤销婚姻。

就这个案例来说，只要小静选择不撤销婚姻，她就可以作为妻子也即合法继承人继承小明的财产。从这个角度来看，法律赋予被隐瞒的一方选择婚姻撤销与否的主动权，能以最大限度保障受害一方的权益。

④ 撤销婚姻有什么法律后果？

女方小林和男方小许系大学同学，谈了 3 年恋爱后，小许出国留学了，双方又经历了 3 年的异国恋爱，终于修成正果。婚后不久，小林发现小许患有艾滋病，一再询问才得知系其在国外留学期间，禁不住诱惑与多名异国女性有染，患病后也不敢跟家人说。小林得知后伤心欲绝，双方还因为结婚购买了一套婚房，价值几百万元，女方和女方父母不知道该如何处理这段婚姻。

经过咨询律师，小林才得知在法律意义上，解除婚姻关系与撤销婚姻关系是存在重大区别的。最终小林选择撤销婚姻关系，该套房产按照双方作为同居关系的共有财产来分割，小林最大限度地维护了自身权益，同时也拿回了属于自己的财产。

《民法典》第一千零五十四条规定："无效的或者被撤销的婚姻自始没有法律约束力，当事人不具有夫妻的权利和义务。同居期间所得的财产，由当事人协议处理；协议不成的，由人民法院根据照顾无过错方的原则判决。对重婚导致的无效婚姻的财产处理，不得侵害合法婚姻当事人的财产权益。当事人所生的子女，适用本法关于父母子女的规定。婚姻无效或者被撤销的，无过错方有权请求损害赔偿。"

根据《民法典》施行后的规定，婚姻一旦被撤销即自始无效。双方的关系为同居关系，同居期间的财产，在协议处理不成的情况下，按照顾无过错方的原则分割；同时，无过错方还可以主张过错方赔偿。至于双方生育的子女，双方仍负有教育、抚养的义务。

那么，离婚与撤销婚姻又有什么区别呢？我们可以把时间视作其中的关键区分因素，离婚就是双方的婚姻存在过一段有效时间，双方的关系、财产等一般按婚姻存续期间的原则处理；而撤销婚姻关系，则否认了婚姻关系的存在，男女双方的关系、财产一般按照同居关系的原则处理。

离婚的前提是双方之间存在合法有效的婚姻关系，目的是解除婚姻关系，法定事由为夫妻感情确已破裂；而撤销婚姻的目的是否认婚姻的效力，其法定事由仅限于受胁迫或一方隐瞒自身患有重大疾病两种情形。离婚没有溯及力，而撤销婚姻具有溯及力，即撤销后的婚姻自始无效。

⑤ 哪些疾病可以列为重大疾病？什么情况下应当告知？

为了夫妻双方后续的生活和子女健康，婚前体检很有必要。那么，在婚前体检中，重大疾病该如何界定？哪些疾病算重大疾病？病到什么程度需要告知另一方？如果之前的重大疾病已经治愈康复，且不会影响到后续的生活和子女健康，这种情况下还需不需要告知？像抑郁型的精神病这样的疾病，早期治疗成功，但不排除日后有复发的可能，这属不属于一方需要知晓的范围？

法律并未针对重大疾病作出列举式的规定，其重要原因在于很多当下不能治愈的疾病，随着医疗和科学技术的快速发展，或能被治愈或不具备遗传性。因此，实践中需要结合卫生部门的有关规定作为具体个案中的判断依据。

律师建议 ▶▶▶ ···

　　社会在不断发展，婚姻中的矛盾也在不断变化。法律虽然在不断完善，但没法时刻追上时代的步伐，没法帮助我们规避婚姻的所有风险，消除婚姻中的所有隐患。想要拥有美满的婚姻，除了婚姻法律规定这一道保护线之外，更重要的是伴侣之间需要坦诚相待。为了保护自己的权益，建议即将迈入婚姻中的男女双方都要去做婚前体检，把问题解决在婚姻缔结之前，让美好的婚姻走得更加长远。

（郭桂花）

···

并不甜蜜的暴击：比出轨更可怕的是婚内 PUA

电视剧《三十而已》中，渣男许幻山的出轨让众多女性义愤填膺。但在现实中更让人窒息的是，电视剧《不要和陌生人说话》中囚禁妻子、限制妻子自由的安嘉和！

《民法典》婚姻家庭编开篇就强调，我国实行男女平等的婚姻制度。婚姻关系中男女平等，包括男女权利和义务的平等。双方均有参加生产、工作、学习和社会活动的自由，任何一方不得对另一方施加不正当的限制或者干涉。

法律是最低限度的道德。犹记得两年前，一位女法官佳佳委托我们处理她本人的离婚纠纷，佳佳和丈夫小明是通过亲友介绍相识的，相处不久便闪婚，双方对彼此性格、三观都不甚了解。随着时间的推移，小明对佳佳的干涉越来越多，起初只是控制佳佳的社交活动，禁止其参加单位的外出学习活动，禁止其与男同事聊天。为了家庭和睦，佳佳都顺从妥协，这类似早期的"PUA"（PUA 是指玩弄对方感情的男性通过套路、欺骗等手段打压女性的自尊心，达到操控女性的目的）。

但佳佳的服从却让小明肆无忌惮，越加变本加厉，甚至演变到不允许佳佳社会地位高于他。小明每天在家"洗脑式"地打压佳佳的自信心，甚至对其进行言语侮辱，久而久之，佳佳产生自卑心理，感觉自己做什么事情都不行，只能待在家里，差一点就向法院院长提出辞职。所幸，佳佳幡然醒悟，意识到自己身处不平等的婚姻状态，并下定决心摆脱小明的精神控制。通过庭审举证质证，我们成功地向法官证明小明阻止佳佳与他人的正常社会交往及对佳佳工作上的精神打压，属于不当的限制和干涉，双方的夫妻感情实际已彻底破裂，无任何和好可能，最后成功地在第一次诉讼时就判决准予双方离婚。

就连法院的法官都可能遭遇婚姻不平等现象，可想而知，挣扎在婚姻不平等问题中的普通女性又何其多呢？

① 男主外，女主内？ 男女平等，女性也有工作和学习的自由！

常言道，男主外，女主内。这句话在当今社会仍有一定市场。

不得不承认，不少女性因此仍面临招工歧视，甚至连社会上也存在这样的声音，女性在结婚后只能选择牺牲自己的事业，以家庭为重。确实如此吗？答案当然是大写的"不"。

原《婚姻法》及现行《民法典》婚姻家庭编中均明确了夫妻平等原则，双方均有使用自己姓名的权利，享有生活、工作的自由，享有对未成年子女抚养、教育和保护的权利。

② 享有生活工作的自由，也意味着享有选择"不生活工作"的自由，女性不得干涉男性想做"咸鱼"的自由！

小孔和小张相恋于大学，在大学期间双方都十分优秀，对未来满怀抱负。毕业后双方走向婚姻，小孔考上了杭州市的公务员，小张顺利入职一家大型网络公司。但并不是所有人都能承受"996"的"福报"，在经历了一系列职场的挫败和社会的"毒打"后，小张对工作的一腔热血被消磨殆尽，身体也逐渐跟不上工作节奏。

然而小孔不允许自己的丈夫变成"废柴"，她主动帮小张报班学习，监督小张认真工作，甚至为小张做出每周工作规划，要求严格执行。小张在小孔的高压督促下不堪重负，最后心理防线崩塌，患上了重度抑郁症和明显焦虑症，严重时会出现濒死感。小孔的一系列"骚操作"严重干涉了小张生活工作的自由，小张忍无可忍，向法院提起诉讼要求离婚，小孔这才幡然醒悟，但为时已晚。经过两次诉讼后，小孔和小张最终经法院判决解除婚姻关系。

③ 一方限制另一方参与工作、学习或社会活动的自由，是否一定构成法律上所说的夫妻感情确已破裂的情形，从而达到一次诉讼就离婚的结果？

目前，法院在审理离婚案件时，判决准予离婚或不准离婚的法律依据为《民法典》第一千零七十九条之规定，原文如下："夫妻一方要求离婚的，可以由有关组织进行调解或者直接向人民法院提起离婚诉讼。人民法院审理离婚案件，应当进行调解；如果感情确已破裂，调解无效的，应当准予离婚。有下列情形之一，调解无效的，应当准予离婚：（一）重婚或者与他人同居；（二）实施家庭暴力或者虐待、遗弃家庭成员；（三）有赌博、吸毒等恶习屡教不改；（四）因感情不和分居满二年；（五）其他导致夫妻感情破裂的情形。一方被宣告失踪，另一方提起离婚诉讼的，应当准予离婚。经人民法院判决不准离婚后，双方又分居满一年，一方再次提起离婚诉讼的，应当准予离婚。"

《民法典》第一千零七十九条并没有将"一方存在限制另一方工作学习情形"作为认定夫妻感情确已破裂、准予离婚的法定条件之一。但需注意，该条款中设置了兜底条款，规定有其他导致夫妻感情破裂的情形，调解无效的，应当准予离婚。因此，在类似佳佳案例的诉讼中，我们建议受害者尽可能地举证证明对方已实施了严重干扰自己工作和社会活动的不当措施，夫妻感情确已破裂，要求尽快解除婚姻关系。同样，在小孔和小张的案例中，小孔强迫小张按照她制定的工作计划严格执行，也属于严重干涉另一方生活和工作行为，可以视为夫妻感情破裂的参考因素。

在遭遇这一情况时，切勿自乱阵脚，切忌激怒对方。在理智冷静后，应利用合适的机会先摆脱对方的控制，及时向当地的妇联、公安等部门求助，同时为离婚诉讼收集相关夫妻感情破裂的证据及子女抚养财产分割等相关证据，之后尽快向被告所在地或经常居住地法院提起离婚诉讼。一般需要收集如下证据：报警记录、出警记录、受伤就诊记录（如有）、受伤照片、能够体现对方严格控制自己的微信聊天记录、录音录像、证人证言等能证明夫妻感情确已破裂的证据。

④ 如果一方出现限制对方工作、生活自由的情形，在解除婚姻关系时，另一方是否可以要求多分财产或者要求对方支付精神损害抚慰金？

说到这里，肯定会有很多人疑虑，既然法律保障夫妻双方工作、生活的自由，那如果真的出现限制工作、生活自由的情形，在解除婚姻关系时，是否可以据此向法院主张多分财产呢？

在《民法典》施行之前，这个答案是否定的，但在《民法典》施行之后，这一行为是否可以认定为系婚内其他重大过错，是可以深入研究、主张争取的。

《民法典》婚姻家庭编最重要的整体原则之一，就是男女平等。当男女地位因一方故意所为导致失衡，造成严重后果的，可以合理解释为存在重大过错，那么非过错方就可以要求在财产分割的比例上适当照顾非过错方权益，适当多分夫妻共同财产，使得遭受不平等待遇一方获得法律上的关怀。

另外，是否可以据此要求过错方支付精神损害抚慰金呢？

在司法实践中，对于无过错方请求损害赔偿的条件，标准会比较严苛，需要至少符合重婚、与他人同居、家庭暴力、虐待遗弃家庭成员或其他重大过错中的一项。在此，我们要注意"其他重大过错"，如果能够成功说服法院认定限制配偶工作生活自由的行为也属于重大过错，即可要求过错方支付精神损害抚慰金，但离婚案件中精神损害抚慰金支持的金额并不高。在上述两个案例中，佳佳和小张即便要求法院判决对方支付精神损害抚慰金，法院也几乎不会支持。

事实上，司法实践中对于精神损害抚慰金的认定标准十分严苛，我们曾经承办过一例男方婚内出轨并与婚外第三人共同生育非婚生子女的案件，法院在亲子鉴定报告等确凿的证据面前，也仅判决男方支付受害方精神损害抚慰金 1 万元，所以我们建议在离婚诉讼中，不要把关注点过多放在精神损害抚慰金这块上。

⑤ 一方拘禁另一方，限制另一方与外界接触的自由，是否触犯刑法？

2017 年，《重庆时报》报道过一起社会新闻，赵女士和白先生在大学时即相识恋爱，毕业后顺利走向婚姻的殿堂。但令赵女士万万没想到的是，白先生的宠爱竟然成了她挣脱不开的枷锁，白先生打着"心疼"的幌子不允许赵女士外出工作，要求她做全职太太，按部就班生养孩子，并不顾赵女士的反抗，将其每天锁在家中，断绝赵女士与外界的所有联系。赵女士痛苦不堪，一度想要轻生，在绝望中找到机会通过窗户扔出求救纸条，路人看到纸条后好心报警，民警最后成功解救了赵女士，避免了悲剧的发生。

白先生的这一系列极端行为，实际系违背他人自由意志，非法剥夺他人人身自由，其行为已触犯《刑法》第二百三十八条之规定，构成非法拘禁罪，可处三年以下有期徒刑、拘役、管制或者剥夺政治权利。如有殴打虐待等行为，处罚将加重。

日常生活中，女性作为弱势群体，在自己受到侵害尤其是这种"隐形侵害"时，可以向当地的妇女组织积极寻求帮助，更要敢于向当地公安机关求助，用法律武器保护自己的合法权益。

一场人生一场梦，人生如戏亦如梦。成家立业，从古到今一直是许多人孜孜不倦追求的一大人生目标，但或许很多人没有意识到，也许婚姻就是一场豪赌，赌对了拥有幸福美满，赌错了也要记得及时止损。

律师建议 ▶ ▶ ▶ ··

从婴幼儿用品、厨卫产品的代言人多为女性，到亲子真人秀中父亲带娃手忙脚乱的"刻板印象"及电视剧中的霸道男总裁的设定，都在无形中暗示着女性就该更多地投入家庭，而职场向来青睐男性。但身处 21 世纪的女性，绝不能被刻板印象所束缚，被另一方限制选择的自由。你可自由信仰，亦可自由工作！

反过来，新时代的男女平等难道就意味着男性一定要在家带娃，女性一定要在外工作？这就又陷入另一个极端，女性同样也不能限制男性的生活、工作自由！

对于婚姻中男女分工问题，千百年来并没有一个标准答案。夫妻之间只有平等协商、自由选择、互相尊重，才能将家庭的港湾修筑得更加牢固。

（吴晓洁、王雅琴）

债主说"夫债妻还"，
我就笑笑不说话

有为青年小博在创业过程中认识了校花小依，两人互相欣赏，很快坠入爱河。两人结婚后，小博更加努力拼搏，他看好了几个投资项目，但手头资金不够用，于是向周边亲朋好友求助，共借了 200 万元。不幸的是，投资以失败告终。"墙倒众人推"，债权人知道小博投资失败后，纷纷找上门，让小博夫妇还款。债权人表示，夫妻一体，这属于小博和小依的共同负债，两人应该共同还钱，小依就这样"被负债"了吗？

别怕！"被负债"可不是那么轻而易举的。

夫妻共同债务包括哪些情形？在法律上，判定是否属于夫妻共同债务，通常包括三个方面：一是有共同意思表示的债务，即我们通常所说的"共债共签"；二是为家庭日常生活需要所负的债务；三是债权人能够证明该债务用于夫妻共同生活、共同生产经营或者有夫妻合意。

① 什么是共同意思表示的债务？

白富美小美经人介绍认识了帅帅，两个人聊得很投机，彼此欣赏，很快步入婚姻殿堂。结婚后，帅帅一如既往地给小美送花，制造各种惊喜，婚后生活就像一部小甜文。小美每天乐呵呵的，脸上洋溢着幸福，走到哪儿都带着帅帅。周围朋友都投来羡慕的目光，说帅帅运气真好，老婆不仅长得美，还特有钱。

但帅帅不想被人看低，不想被周围的朋友认为自己是吃软饭的。于是，帅帅背着小美私下向小美的几个朋友合计借款 100 万元，说自己看中一个很有前途的项目，想投资。可是，不是所有的人都是巴菲特，帅帅最终投资失败了。帅帅因此压力很大，对小美忽冷忽热。两人时常吵架，感情越来越淡。

屋漏偏逢连夜雨。朋友们纷纷打电话催帅帅还钱，帅帅不接电话，也不肯见面，竟跑去酗酒消愁。朋友们没办法了，直接找上门，让小美和帅帅一起还钱。小美很纳闷，这明明是帅帅个人借的钱，怎么就成夫妻共同债务了？朋友拿出手机说："你看，这笔债务你都确认过了，承诺给我们还钱的，但现在都到期了，一分钱也没还呀！亏我当你们是朋友，一点信用都没有！"

明明是帅帅以个人名义借的钱，怎么就变成夫妻共同债务了？原来，帅帅趁小美熟睡之际，用小美的手机给催款的朋友回复信息，让这些朋友不要整天催款了，打扰他们夫妻的正常生活。回完信息后，他又立即删除。真是神不知鬼不觉呀！

看，这就是法律上所说的事后追认。对于夫妻单方签字但另一方事后追认的债务应当认定为夫妻共同债务。借款合同、欠条上有夫妻双方签字；一方签字，但另一方通过电话、短信、微信、邮件等形式认可；一方签字，但另一方事后追认，这些都属于共同意思表示的债务。

在此，建议大家：一定要保管好自己的手机。要重置手机SIM 卡密码，不要设置手机指纹或人脸识别来开机，警惕莫名其妙"被负债"！

❷ 何为一方为"家庭日常生活需要"所负的债务？

什么是"家庭日常生活需要"？一般可从两个方面判断：一是用途；二是数额。用途包括衣食住行、医疗教育、文娱活动和各种服务等；数额需要结合举债方的家庭收入、消费水平、生活习惯等综合因素判断，一般不宜超过家庭年收入过多。

比如，李某与章某系夫妻，李某对外经营一家五金店，为了在客户面前显示其有钱，李某向朋友借款 50 万元买了 1 辆豪车，该车辆基本用于李某谈生意。李某借的这 50 万元，从用途和数额上看就不属于家庭日常生活需要。

举证责任上，债权人承担初始证据的举证责任，债务人配偶如果认为不属于夫妻共同债务，应当承担举证责任。司法实践中，债务人配偶通常也会以债权人知道双方正在分居或处于离婚诉讼中、债务人与配偶有婚内约定等来抗辩。

通常，以下情形可以作为认定超出"家庭日常生活需要"所负债务的考量因素：（1）债务金额过大，明显超出债务人家庭收入和家庭日常消费水平的；（2）债权人明知或应知债务人有赌博、吸毒等恶习的；（3）债权人明知或应知债务人已有大额负债，无法偿还的。

法律上也明确规定了不属于因家庭日常生活需要所产生的债务的情形：（1）对外担保的；（2）大额消费的；（3）转账给没有法定抚养义务的亲友的。

③ 如何认定该债务用于夫妻共同生活、共同生产经营或者有夫妻合意?

余某某与曾某某系夫妻。婚姻关系存续期间，余某某对外承建的工程发生火灾，经判决，余某某应承担赔偿 8589159.13 元的债务。该笔债务产生的原因是财产损害赔偿，作为配偶一方的曾某某对该笔债务需承担责任吗?

曾某某是否需要承担责任，首先需要确认该笔债务是否属于夫妻共同债务。

其一，由于该笔债务产生的原因是财产损害赔偿，所以该笔债务不存在曾某某签字同意或事后追认问题。

其二，根据双方《离婚协议》可知，双方共享了生产经营的收益。余某某与曾某某于 2011 年 11 月 1 日签订的《离婚协议书》中约定，双方的共同财产除住房、汽车等生活类财产外，还包括土地、林地、铺面、公司股权等生产经营性资产，故应视为曾某某与余某某共享了生产经营的利益。余某某对外承建工程属于正常的生产经营，由此产生的债务也应视为夫妻共同生活、共同生产经营所负的债务。

最后，曾某某认为发生火灾时，双方感情不和，已处于分居状态，并不足以证明余某某所负债务为个人债务，也不足以对抗债权人。

也就是说，在婚姻关系存续期间，余某某在经营过程中因财产损害赔偿所产生的债务，虽不属于"共债共签"、事后追认的范畴，但因为夫妻双方共享了生产经营的利益，则该债务应视为夫妻共同生活、共同生产经营所负的债务。

所以，法院审判结果是认定该笔债务为夫妻共同债务，曾某某对该笔债务需承担责任。

现在我们来总结一下，在司法实践中，哪些债务会被认定为用于"夫妻共同生活"的债务呢？如债务人为家庭购置产生大额开支，夫妻双方无法说明资金来源的；婚前一方借款购置的财产已转化为夫妻共同财产的；为抚养、赡养、医疗、教育所负的债务；夫妻双方有约定为共同债务的。

哪些债务会被认定为用于"夫妻共同生产经营"的债务呢？如：共同决定生产经营事项，一方授权另一方决定生产经营事项，债务人配偶从生产经营中受益的，这些通常会被认定为用于夫妻双方共同从事的生产经营活动。

哪些债务会被认定为有夫妻合意的债务呢？如一方签字，另一方符合默示意思表示的，像接受欠款的账户是配偶方的，或者是接受欠款时在场，未表示反对的。

近年来，夫妻离婚纠纷案件涉及婚内一方举债的现象比比皆是，如果昔日的枕边人早已债台高筑，自己却一无所知，婚姻关系解除之后还被债主找上门来，那么举债者的原配偶是否需要归还借款呢？

我们曾遇到很多当事人咨询此类问题，他们都会有这样的疑问：我都离婚了，是否还需要替对方还债呢？我在婚内根本没有签字甚至对对方借款的情况完全不知情，我是否需要一起还债呢？

《民法典》第一千零六十四条第一款明确规定："夫妻双方共同签名或者夫妻一方事后追认等共同意思表示所负的债务，以及夫妻一方在婚姻关系存续期间以个人名义为家庭日常生活需要所负的债务，属于夫妻共同债务。"

如果一笔债务是夫妻双方共同确认的（包括共同签名或者事后追认），毋庸置疑属于夫妻共同债务；但如果婚内有些债务是夫或妻一方以个人名义借取，另一方哪怕对借款事实不知情也没有进行追认，只要该债务是为家庭日常生活需要所负的债务，同样也属于夫妻共同债务。

律师建议 ▶ ▶ ▶ ··

　　为了避免配偶一方莫名其妙"被负债"，给你几个小建议，以备不时之需。

　　牢记哪些情形属于"家庭日常生活需要"。在法律上，"家庭日常生活所需"应界定为正常的衣食消费、日用品购买、子女抚养、老人赡养等情形，且日常家事代理、日常生活所需数额必然不大。

　　请谨慎对待配偶一方的举债行为。对于配偶一方的举债行为，虽然你之前不知情，但后续若债权人有证据证明你有明确追认的意思表示了，你将面临共同还债的法律责任，除非你能证明出现欺诈、胁迫、显失公平的法定情形，否则将无法避免承担共同还债的责任。比如我们上文提到的小美和帅帅这个案子中，小美要否认这是共同债务，难度就比较大了。

　　　　　　　　　　　　　　　　　　　　　　　　　　（吕婷）

··

老公偷偷卖了房，
看我一顿操作猛如虎

　　古语云："结发为夫妻，恩爱两不疑。"两口子过日子，大到买房买地，小到柴米油盐，都是家务事。既是家务事，只要夫或妻一方出面处理，就能顺理成章地代表另一方。这样理解对吗？

　　不完全对！一般而言，对于日常家庭事务，夫妻一方在与第三人交易时互有代理权，这被称为"家事代理权"。简单地说，就是在家庭日常消费时，夫妻一方有权代表另一方，无须经对方同意；但夫妻可以相互代理的家庭事务却有限制。判断某项家庭事务夫妻是否可以相互代理，关键要看其是否属于家庭日常事务的范畴。

① 老公擅自出售共有房，配偶如何维护权利？

小莉和小张结婚多年。某日，两人因琐事发生激烈争吵，火冒三丈的小莉随手上网找了一份模板拟好《离婚协议书》，双方一气之下都在《离婚协议书》上签了字，但是并没有去民政局登记备案，小莉和小张的婚姻关系尚未解除。吵架后，小莉收拾行李直接搬回了娘家住，直到有一天，小莉回去拿东西时，发现门锁已经更换，敲门后出现一个陌生人。

一头雾水的小莉经询问后得知，婚后她和小张一起购买的这套房子已经被小张擅自出售了。小莉去律所咨询了专业律师，了解到这套房子虽然只有小张一个人的名字，但房子是双方登记结婚后才买的，这套房子依旧属于夫妻共同财产。小张没有征得小莉的同意，直接把共同所有的房子卖掉了，那么小莉可以追回这套房子吗？

先说结论：不一定。

这里我们需要解释两个概念，家事代理权和善意取得。

家事代理权，是指夫妻一方在因家庭日常事务而与第三人做出一定的法律行为时，享有代理配偶的权利。简单地说，夫妻一方代表家庭所做的行为，视为夫妻共同的意思表示，被代表的一方即便没有作出任何意思表示，也必须承担相应的法律后果，夫妻双方对该行为承担共同的连带责任。

行使家事代理权，不仅为夫妻生活提供了便利，还提高了夫妻双方处理家庭事务的效率。但是，家事代理权范围并不包括对重大财产处分！本案中的房屋出售事宜，就不可直接行使家事代理权。此外，立遗嘱的行为、接受或放弃继承和遗赠的行为及用夫妻共同财产进行大额无偿捐赠的行为，均不可直接适用家事代理权。

本案中，小张在没有征得小莉的同意或者追认的情况下，擅自出售共有房屋，其行为属于超越家事代理权的行为，应认定为无权处分共同财产。至于小张超越家事代理权出售的共有房屋，小莉究竟是否可以追回，我们需要辨析第二个概念，叫作"善意取得"。

结合《民法典》第三百一十一条关于善意取得制度的规定，无处分权人小张擅自出售共有房屋，小莉作为房屋的共有权人有权主张追回，但是如果买受人（也就是买方）在受让该房屋时同时符合"善意取得"的三个法定构成要件——（1）善意，（2）支付合理对价，（3）房屋已经办理过户登记——那么买受人便构成善意取得，法律会保护善意第三人。小莉在买受人构成善意取得的情况下无法追回房屋，只能向小张索求赔偿。

但是如果买受人不满足以上任意一个条件，比如买方明知小莉和小张夫妇处于闹离婚的阶段而依然和小张一个人签订房屋买卖合同，或者买受人没有支付合理的对价，以及房屋没有过户到买受人名下，只要满足其中任何一个条件，小莉都可以主张依法追回。

《最高人民法院关于适用〈中华人民共和国民法典〉婚姻家庭编的解释（一）》第二十八条也对此做出了明确的规定："一方未经另一方同意出售夫妻共同所有的房屋，第三人善意购买、支付合理对价并已办理不动产登记，另一方主张追 回该房屋的，人民法院不予支持。夫妻一方擅自处分共同所有的房屋造成另一方损失，离婚时另一方请求赔偿损失的，人民法院应予支持。"

② 妻子是个买包狂魔，丈夫能否提出无效？

超超和欣欣结婚后，欣欣便在家里做全职太太。超超平时工作忙碌，常年出差在外，收入也颇为丰厚。欣欣是独生女，从小娇生惯养，偶尔生活不如意，也会发发小脾气，但是欣欣信奉一条——"包"治百病，世上烦心事千千万，没有烦心事是买一个包解决不了的，如果有，那就买两个！

欣欣生日那天，超超因为出差没能陪她过生日，欣欣十分失落，对超超发出"夺命连环 call"，连打 20 多个电话，超超都没有接，气得欣欣上街扫货。傍晚时分，欣欣拎着一个全新的名牌包开开心心地回家，却发现超超已经在家里等她了。超超看到欣欣手里的新包，想到家里满柜子的包包，只能无奈地笑笑。

对欣欣疯狂买包的爱好，超超其实一直有所不满。那么超超能否主张欣欣自己单独购买包包的行为未征得其同意，属于无效合同呢？

不可以。超超和欣欣的家庭条件相对优越，购买一个包包完全在他们经济条件可承受范围之内，因此超超无法以其对欣欣用共同存款购买包包的行为不知情或不同意为由，主张买卖合同无效。

须知，如果属于家庭日常生活或者符合家庭收入的正常合理开支，夫妻任何一方都有家事方面单独的处理权。至于是否符合家庭收入的正常合理开支，根据家庭的收入状况及购买的商品价格就可以直观判断。

家庭日常生活需要具体所指的范围包括哪些？

（1）用于维持共同生活的费用；

（2）用于抚育子女的费用；

（3）用于家庭成员所需的医疗费用；

（4）用于其他日常生活所需的费用，如购买水电、供热、衣物、家具等，以及保健、娱乐、医疗、子女教育、租赁房屋、亲友之馈赠、报纸杂志订购等。

③ 丈夫疯狂打赏女主播，妻子能否主张赔偿？

西西和乐乐于 2005 年结婚，结婚初期，双方感情尚可，但因婚内西西多次与其他异性保持过于亲密的关系，双方经常为此事发生争吵。2016 年 8 月 1 日，乐乐从家中搬出，自此与西西分居，并于同年 9 月向法院正式提起离婚诉讼。

在诉讼过程中，乐乐的代理律师经调查取证发现，西西于婚内在某直播网站共充值消费 80 万元，后查明这 80 万元均是西西对美女主播进行打赏的款项，乐乐对此要求赔偿。

法院认为，西西在未征得乐乐同意的前提下，因非家庭日常生活需要擅自处分夫妻大额动产，侵犯了乐乐对夫妻共同财产的所有权及平等处理权。但由于西西已经把这 80 万元消费了，故已不存在分割该部分夫妻财产的客观基础，但因此对乐乐造成的财产损失应由西西作出赔偿，因此法院判决西西赔偿乐乐财产损失 40 万元。

评判夫妻一方是否可以行使家事代理权，需要综合衡量构成"日常家事"行为的核心要素，主要包括：

（1）涉及标的额的大小；

（2）家庭收入的大小与购买或处分财产的价值之间的比例关系；

（3）行为目的与家庭事务的关联程度。

本案中，西西用夫妻共同财产擅自给网红打赏，这种行为不仅与家庭事务无关，且金额远远超出"日常"的范畴，故西西的行为无法适用家事代理权。作为夫妻共同存款的所有权人，乐乐可以根据自己遭受的损失要求西西赔偿。

许多读者或许会产生这样的疑虑：难道家事代理权就仅仅局限于"日常家事"吗？

正常情况下，家事代理权的范畴确实仅限于"日常家事"的代理，但也不能一概而论。如果是处理紧急性重大家庭事务，即使超出"日常家事"的一般性标准，也被视为日常家事代理行为，适用家事代理权规则。比如丈夫出差期间，孩子突发重病，急需巨额医疗费，此时妻子擅自将婚后购买的登记在其个人名下的车辆出售转让，将出售价款用于孩子看病治疗。在这种情况下，妻子处分价值较大的共同财产时显然超出了一般的家事代理权范围，但基于妻子处分重大财产的目的是给孩子治病，这显然属于紧急性重大家庭事务，所以也适用家事代理权，丈夫事后得知不可以主张赔偿。

律师建议 ▶▶▶ ....

"夫妻同心，其利断金"，这种齐心共进退也体现在家事代理上。了解家事代理权，除了能更快捷地处理家庭日常事务，还能更好地保障夫妻双方的利益，维护家庭的共有财产。在有限权利范围内处理家事，可以为另一半减压。当有越权可能时，要尊重对方的知情权和共有财产权，同商量、共进退，这才是夫妻同心之举。

（吴晓洁、吴甜）

....

离婚不难，把财产安排得明明白白有点难

好的婚姻，一定要谈钱。

谈钱俗气吗？不俗气！因为恋爱是琴棋书画诗酒花，婚姻却是柴米油盐酱醋茶。

爱情是婚姻的必要条件，却不是充分条件。

我们曾遇到过这样一个案例：

女方月薪 5 万元，男方月薪 6000 元，结婚 4 年后，女方提出离婚。男方死活不同意，说："你当初说嫁给了爱情，如今却嫁给了钱。"

女方反问："你说的嫁给爱情，就是我负担家里的一切开支，你什么也不付出吗？"

婚姻往往始于爱和希望，然而婚后因为钱而闹得不可开交的例子也不少。关于钱，我们除了要在婚前充分了解彼此的金钱观，也要了解以下问题：实务中哪些财产是夫妻共同财产？哪些财产是个人财产？

哪些是夫妻共同财产？

房子、车子、票子是常见的夫妻共同财产类型。作为生活在一起的夫妻，这些常见财产一般大家都了如指掌。但是，对于股票、期权、知识产权等财产，一来不像房子、车子等容易被另一方所控制；二来目前法律法规对于这类新型夫妻共同财产的分割标准尚不明确。

《民法典》第一千零六十二条规定，夫妻在婚姻关系存续期间所得的下列财产，为夫妻的共同财产，归夫妻共同所有：（一）工资、奖金、劳务报酬；（二）生产、经营、投资的收益；（三）知识产权的收益；（四）继承或者受赠的财产，但是本法第一千零六十三条第三项规定的（遗嘱或者赠与合同中确定只归一方的财产）除外；（五）其他应当归共同所有的财产。其中，"（三）知识产权的收益"是指婚姻关系存续期间，实际取得或者已经明确可以取得的知识产权的财产性收益。"（五）其他应当归共同所有的财产"是指一方以个人财产投资取得的收益；男女双方实际取得或者应当取得的住房补贴、住房公积金；男女双方实际取得或者应当取得的基本养老金、破产安置补偿费。

① 离婚了，不同性质的房产如何认定？

房产是夫妻共同财产中最普遍也是相对价值较高的财产，房产的出资来源、登记情况等在现实生活中各不相同，针对不同情形，在法律和实务中也有着不同的产权认定。

晓莉与晓辉已经恋爱 3 年多，两人准备结婚，晓辉全款买了一套房，准备作为婚房。晓辉表示，给晓莉 28 万元彩礼，晓莉不用还礼，但婚前这套房子也不加晓莉的名字。晓莉跟家人协商后表示不同意，提出收下 28 万元彩礼后再加上 28 万元，一起作为陪嫁，但是要求在房产证上加上晓莉的名字。对于晓莉的这个提议，晓辉拒绝了。最终双方不欢而散，婚也没结成。

不难看出，"搅黄"这段姻缘的，归根结底还是房子问题。按照晓莉的方案，晓莉家收下的 28 万元彩礼属于晓辉的赠与，加上晓莉家出资的 28 万元，这 56 万元都属于晓莉的婚前财产，晓莉带上嫁妆和晓辉结婚，意图用这 56 万元对婚房"入股"，要求在房产证上加上自己的名字。一旦离婚，晓莉有权分割该房产。而按照晓辉的方案，这套婚房属于他的婚前财产。双方对于房子是归于男方个人财产还是归于夫妻共同财产没能达成共识，最终一拍两散。对于房产不同情形下的产权归属认定问题，我们一起来讨论一下。

（1）婚前一人出资买的房就一定是个人财产吗？

不一定，要分情况区别对待。

结婚前仅一人出资，登记在本人名下，且婚前已全部结清房款或贷款的，这种情况下房子应认定为出资方的个人财产。

结婚前一方支付房屋首付款，但房屋登记在夫妻双方名下，婚后双方共同还贷的，这种情况下房子应认定为夫妻共同财产。

结婚前夫妻一方已支付房屋首付款，剩余款项向银行申请贷款，房屋登记在该方名下，婚后用夫妻共同财产还贷的，那么，房子仍应认定为产权登记方的个人财产，夫妻双方共同支付的贷款本息及相对应的财产增值部分属于共同财产；尚未偿还的贷款部分认定为产权登记一方的个人债务，应由他个人进行偿还。

结婚前一方出资，但房子登记在另一方名下的，一般会视为以结婚为目的的赠与，按共同共有原则进行处理；如果有充分证据证明出资一方明确表示房子归登记一方个人所有的，则认定为登记一方的个人财产。

（2）婚后买的房如何进行认定？

婚后买房的资金来源是一方婚前的个人财产，房屋登记在夫妻双方共同名下或另一方名下，应当认定为夫妻共同财产。

婚后买房的资金来源是一方婚前的个人财产，且登记在其名下，应该认定为购买的房屋是出资方个人婚前财产在婚后的转化，故应当认定为个人财产；但是如果出资方仅支付了首付款，房款没有支付的部分在婚内进行偿还，该部分及对应的增值部分应认定为夫妻共同财产。

婚后以夫妻共同财产买房，无论是登记在夫妻双方名下还是夫妻一方名下（另一方签署放弃产权声明的除外），一般均认定为夫妻共同财产。

婚后以夫妻共同财产买房，登记在尚未成年的子女名下的，离婚时不能简单地完全按照产权登记情况将其认定为未成年子女的财产。如果双方真实意思确实是将房屋赠与子女的，在离婚时应认定为子女的财产，由直接抚养子女的一方暂时代为管理；如果双方真实意思并非将房屋赠与子女，在离婚时应将房屋作为夫妻共同财产进行处理。

（3）结婚前，父母出资购房的情况如何认定？

根据《最高人民法院关于适用〈中华人民共和国民法典〉婚姻家庭编的解释（一）》第二十九第一款之规定，当事人结婚前，父母为双方购置房屋出资的，该出资应当认定为对自己子女个人的赠与，但父母明确表示赠与双方的除外。

婚前一方父母全额出资购房，登记在自己子女名下的，一般认定为该方婚前个人财产。

婚前一方父母全额出资购房，登记在双方子女名下的，可视为对双方的赠与，一般认定为夫妻共同财产。

婚前一方父母出资支付房屋首付款，登记在自己子女名下，由夫妻二人共同还贷的，离婚时一般将房产判归产权登记方所有，并由其自行支付剩余未还贷款本息。对婚内夫妻双方共同还贷本息及对应的增值部分，由产权登记方对另一方进行相应的补偿。

婚前一方父母出资，登记在另一方子女名下的，一般认定为夫妻共同财产，但出资父母明确表示赠予给登记方或有其他相反约定的情况除外。

婚前双方父母均出资，登记在夫妻一方名下或双方名下的，应当认定为夫妻共同财产。

（4）结婚后，父母出资购房的情况如何认定？

结婚后，一方父母全额出资购房，登记在自己子女名下，应认定为登记方的个人财产。如果登记在对方子女名下或双方子女名下的，除父母明确表示仅赠与一方的情况之外，一般认定为夫妻共同财产。

结婚后，一方父母部分出资，由夫妻共同还贷的，除父母明确表示仅赠与一方的情况之外，父母出资部分一般认定为夫妻共同财产。

结婚后，双方父母均出资，登记在双方名下的，系夫妻共同财产；登记在一方名下的，除非当事人另有约定，一般也按夫妻共同财产处理。

与房产这类普遍的夫妻共同财产相比，《民法典》中也新增了劳务报酬和投资收益这两类新颖的财产类型。

② 自己赚取的"外快"属于夫妻共同财产吗？

小颜是一家外企的白领，月工资 8000 多元。她在工作之余爱好打游戏，随着当下各家主播平台的兴起，小颜也赶时髦兼职做起了游戏主播。因为颜值和实力兼具，小颜的主播生涯风生水起，收入也肉眼可见地直线飙升，远远超出了她的工资所得。

因为专注主播事业，小颜和老公之间的矛盾逐渐凸显，几经争吵后，老公提出了离婚，同时要求将小颜的工资所得和其作为游戏主播赚的"外快"也作为夫妻共同财产进行分割。小颜很委屈，她觉得这些都是自己的辛苦所得，老公无权要求分配。

"外快"也要分割吗？根据《民法典》第一千零六十二条的规定，夫妻一方在婚姻关系存续期间所得的工资及劳务报酬均属于夫妻共同财产。小颜的工资自然不用多说，而她兼职所得的收入（"外快"）亦属于劳务报酬部分，也归于夫妻共同财产。

那么，劳务报酬还包括哪些呢？一方在婚姻关系存续期间通过提供劳务输出方式所取得的收入都归于此类，简单而言，就是除正式工作关系以外的兼职收入。

劳务报酬具有不确定性，在婚姻关系中，若获得劳务报酬的一方刻意隐瞒，另一方其实不易发现，因此在离婚要求分割夫妻共同财产时就很容易遗漏该部分收入。不过，劳务报酬一旦进入银行账户即与夫妻共同存款存在混同，在不了解对方是否存在劳务报酬的前提下，在离婚时查询对方的银行账户流水也不失为一个好方法。

③ 不再是"老板娘"，公司股权还可以分吗？

洪女士和老荣结婚十年，婚内老荣一直经营着一家企业，占有企业 80% 的股权，是这个企业名副其实的"老板"。洪女士结婚以来，一直在家相夫教子，虽然没有工作，但也是朋友们艳羡的"老板娘"。但现实远比电视剧狗血，反转来得十分突然，洪女士在无意间发现老荣婚内出轨，经历过多次争吵后，两人决定离婚。洪女士提出要分走老荣在其名下企业所持有的一半股权，老荣坚决拒绝了，双方对簿公堂。

婚姻关系存续期间登记在一方名下的公司股权，在离婚时如何进行分割？

本次《民法典》中对夫妻共同财产新增了"投资收益"，肯定了夫妻共同生产经营投资所得收益应属于夫妻共同财产。

不过，股权在实体内容上包括资产收益权和参与管理权，前者为财产性权利，后者为人身性权利。离婚了，一方能否因分割另一方在公司的股权而取得股东身份？

根据《最高人民法院关于适用〈中华人民共和国民法典〉婚姻家庭编的解释（一）》第七十三条的规定，人民法院审理离婚案件，涉及分割夫妻共同财产中以一方名义在有限责任公司的出资额，另一方不是该公司股东的，按以下情形分别处理：（一）夫妻双方协商一致将出资额部分或者全部转让给该股东的配偶，其他股东过半数同意，并且其他股东均明确表示放弃优先购买权的，该股东的配偶可以成为该公司股东。（二）夫妻双方就出资额转让份额和转让价格等事项协商一致后，其他股东半数以上不同意转让，但愿意以同等条件购买该出资额的，人民法院可以对转让出资所得财产进行分割。其他股东半数以上不同意转让，也不愿意以同等条件购买该出资额的，视为其同意转让，该股东的配偶可以成为该公司股东。

也就是说，如果洪女士与老荣协商一致，同时公司其他股东过半数同意愿意放弃优先购买权或其他股东半数以上不同意转让，也不愿意以同等条件购买的，则洪女士可以通过分割老荣的公司股权部分，成为该公司的股东。

当然，如果洪女士与老荣不能协商一致，那么在离婚分割时，分割的对象应限于股权的财产价值。即股权值多少钱，便在这个范围内分割，而股东身份则不能分割。简单而言，这种情况下洪女士可以要求老荣把相应的股权价值折算成现金给她，但无法直接成为该企业的股东。

那么如何确定股权价值呢?

可以夫妻双方协商或竞价确定;也可以通过第三方评估机构确定股权价值;在双方不能协商一致,也均不申请评估的情况下,在诉讼中法院可能会结合公司年度报告、审计报告、实物资产、公司会计账簿等资料综合来确定股权价值。

④ **一方被授予的期权,离婚时可以分吗?**

玲玲是一家互联网公司的高管,公司进行股权激励,她作为被激励的员工之一,被授予了公司期权,按四年分期行权。在获授的期权尚未全部行权的情况下,玲玲跟老公闹离婚了。离婚时,他们的期权该如何进行分割?

当下很多企业都会对员工进行股权激励,期权即股权激励的一种形式。期权激励中有两个重要的时点,一个是期权授予期,一个是期权行权期。目前,我国立法尚未就离婚诉讼中的股票期权行权问题出台详细规定,而在司法实践中,对于如何认定作为夫妻共同财产分割后的股票期权行权问题成了一个难题,各地法院对此认定标准不一。

有的法院认为,在一方当事人持有的股票期权的行权日确定后，可以由另一方提起分割之诉。有的法院认为，由于股票期权本身具有风险性，在婚姻关系解除之后，离婚诉讼当事人之间不再共同承担有关风险，另一方当事人提起分割之诉则显失公平，故认为股票期权所带来的风险和收益，应当由股票期权持有人独自享有，不予以分割。也有法院认为，应当按照"有利生产、方便生活"的原则，将争议的期权分给有经营条件和经营能力的一方，由另一方取得相应对价。

根据现有裁判案例，目前较为合理的认定方式为离婚之前已选择行权并可按照市场行情能确定其价值的股票期权，应视为夫妻共同财产并均等分配；而对于离婚之时尚未行权的股票期权，不应采取共同共有及均等分配的方式进行分割，应根据婚姻关系存续期间与股票期权持有期间的比例，依照按份共有的原则，确定属于夫妻共同财产的股票期权的数额，及因支付行权对价而产生的夫妻共同债务的比例，进行相应风险分担和利益分配。

再把我们要讲的内容拓展一下，我们已经知道了哪些是夫妻共同财产，那么，哪些又是夫妻一方的个人财产呢？

根据《民法典》第一千零六十三条的规定，下列财产为夫妻一方个人财产：（一）一方的婚前财产；（二）一方因受到人身损害获得的赔偿或者补偿；（三）遗嘱或者赠与合同中确定只归一方的财产；（四）一方专用的生活用品；（五）其他应当归一方的财产。

所以，网上有段子说，千万不能和律师结婚，因为离婚的时候怕是连裤衩都剩不下，这就是个讹传了。因为裤衩属于一方专用的生活用品，具有私人属性且价值不大，你的裤衩，终究还是你的裤衩。

此外，若夫妻双方有签订《财产协议》，对于双方之间的财产归属已经明确有约定的，那么，离婚财产分割时，也可以根据生效协议进行直接分割。

律师建议 ▶▶▶ ···

美国作家斯科特·帕尔默在其《谈钱不伤感情：影响夫妻关系的5种金钱人格》中指出，在了解夫妻不同金钱观的基础上合理谈钱，不会伤感情。我们建议，双方应在婚前开诚布公地交流金钱观，在保障一方必要生活或权益的前提下，适当进行婚前及婚内财产约定并公证，对于房产、车辆、股权等财产问题及各自或共同的债务承担问题等都可以作出明确的约定。我们真的不愿意再看到对簿公堂的亿万富豪连一卷手纸都要分的场面。但真的对簿公堂时，建议先搞清楚哪些属于夫妻共有财产，防止另一方转移资产。

（李煜懋）

···

签订婚内"忠诚协议"？
可以，但没有必要

"婚内出轨"一直是现实婚姻生活中绕不开的话题，我身边就有个典型案例。

邻居老刘和他太太丽丽感情很好，还有个孩子。但是有一次老刘翻看丽丽的手机时，发现丽丽给自己戴了绿帽子，一气之下，老刘起诉到了人民法院要求离婚。开庭时，老刘声泪俱下地控诉，并提交了不少丽丽出轨的证据。老刘的主张是：我不仅要离婚，还要丽丽赔偿我精神损害赔偿金 8 万元。

最终，法院认为，女方违背夫妻忠实义务的行为确实对老刘造成了一定的心理伤害，理应承担一定的民事赔偿责任。

看到这里，你是不是觉得法官"明察秋毫，公正断案"？

最后的结果其实不尽如人意，法院只是酌定丽丽赔偿老刘精神损害抚慰金几千元。对于老刘（无过错方）来说，虽然他的请求被支持了一部分，但是丽丽（过错方）对自己造成的伤害显然不是这几千元钱可以弥补的。用老百姓的话来说就是："不解气，甚至还会让人觉着，你这不是打发叫花子吗？"

在我们经办的大多数离婚案件中，不少当事人在找我们咨询时，最关心的问题大多逃不过净身出户这个关键词，诸如：律师，我有对方出轨的证据，可以让对方净身出户吗？此类问题，比比皆是。

其实，从上面的案例我们就可以得知，答案是否定的。

有人可能会说，夫妻俩提前签订一个"忠诚协议"不就得了？对方要是敢出轨，我让他（她）赔得倾家荡产！

"忠诚协议"真的能保障无过错方的权益吗？待我来细细捋一捋。

① 婚内提前签订"忠诚协议"能有效保护无过错方的权益吗？

近年来，夫妻之间签订"忠诚协议"的情况确实是越来越常见，司法实践中对于"忠诚协议"的态度也越来越开明。法院的官方态度也从"忠诚义务属道德义务而非法律义务"，转变为"忠诚协议也是一种合同，如无无效事由，应受法律保护"。

很多当事人都会问我们这个问题："律师，我要在'忠诚协议'中约定出轨的那一方净身出户，你看可行吗？"看起来好像有理有据，白纸黑字写下来的事情难道还能不算数？

还真有。

结合我们的司法实务案例来看，虽然法院认可双方在"忠诚协议"的缔约过程中，只要不存在欺诈、胁迫的情况，或者是有违反法律禁止性规定的，协议可受法律保护；但当你在忠诚协议中做了如"出轨一方，放弃所有的夫妻共同财产；出轨一方，承担××万赔偿金"之类的约定时，法院最后在判决时还是会考虑公平原则，并不完全按照协议约定的内容进行裁判。

之前我们遇到的一个案子就是双方在"忠诚协议"中约定"若是有不忠行为，则要净身出户，并赔偿对方 50 万元"，后来诉讼的结果是法院认可协议的效力，但认为 50 万元的赔偿金过高了，结合当地的平均生活水平和双方的经济情况，酌情支持了 2 万元。

此外，"忠诚协议"中一旦存在类似离婚协议条款的约定，那么协议中关于财产分割的约定就会被法院认为是离婚协议条款。这样的情况下，过错方是可以反悔的，并且从法律上来说，也是支持反悔的。建议大家可以调整下表述，比如，"婚姻存续期间，一方存在××过错时，夫妻共同财产按照以下方式处置……"在具体约定上需要注意以下四点：

（1）避免出现"如果一方出轨，就无条件离婚""如果一方出轨，孩子抚养权就归另一方所有"等类似字眼；

（2）协议中对于财产部分的约定，不能以离婚为前提；

（3）条件不能过于苛刻，对夫妻共同财产的分配不能影响另一方的基本生活；

（4）约定的赔偿数额也要结合当地的经济水平及具体的家庭经济条件，否则，明显畸高的数额很可能不会得到法院的支持。

想必你也发现了，"忠诚协议"没有想象中那么"万能"，协议的具体内容也不是寥寥几句可以搞定的。遇到问题时，还是要多咨询专业人士，寻求更专业的帮助，避免"空欢喜"一场。

② 如何更好地保护无过错方在婚姻中的权益?

既然签订"忠诚协议"并不万能，那如何更好地保护无过错方在婚姻中的权益呢?

《民法典》第一千零九十一条规定，有下列情形之一，导致离婚的，无过错方有权请求损害赔偿：（一）重婚；（二）与他人同居；（三）实施家庭暴力；（四）虐待、遗弃家庭成员；（五）有其他重大过错。

该条除了对原《婚姻法》第四十六条规定的文字表述略做修改外，还增加了关键一款 "有其他重大过错"，即将有其他重大过错的情形作为无过错方请求损害赔偿的法定情形之一。《民法典》将如出轨（婚外情）这类行为纳入了法律的制裁范围，可以说是非常"接地气"的一种做法。

我们认为，依据《民法典》第一千零九十一条，在接下来的案件处理中，即使无过错方不能证实对方有重婚或同居的行为，但是对方若是存在出轨、通奸、嫖娼、不正当交往等重大过错行为时，无过错方也能够主张损害赔偿。

③ 哪些可以算配偶出轨的证据？

（1）配偶与异性相处的亲密合影、录音或视频资料；

（2）配偶与异性往来的社交聊天记录、通话记录等；

（3）配偶开房记录、外出行程单、大额消费记录等（可能与异性相关的）；

（4）配偶承认婚外情的录音或是自书的保证书、悔过书、忠诚协议书等；

（5）其他相关的证人证言（需要出庭作证）。

（温馨提示：大家在搜集证据的过程中，一定要做到合法采集，切勿冲动行事。）

搜集到这些证据以后，有原件的尽量保存原件；没有原件的尽量保存在原始的存储设备上，切勿多次传输、转发或是剪辑裁切等。尽可能地保证证据的真实性、完整性和准确性。

需要注意的是，请求损害赔偿的前提是一方有过错行为，另一方并无任何过错行为。若是夫妻双方都有过错行为，比如双双出轨，各玩各的，则双方都会丧失主张离婚损害赔偿的权利。

④ 有了相应的法律依据，应该如何主张损害赔偿呢？

分两种情况：

第一种情况，你们是协议离婚的。只要你们在协议离婚时没有明确放弃损害赔偿，在办理离婚登记手续后一年内都可以提出。需要注意的是，协议离婚同样必须要以一方当事人有过错并且因为过错导致离婚为大前提。

第二种情况，你们是诉讼离婚的。此时需区分无过错方是原告还是被告。

在离婚诉讼中，大多数情况是无过错方作为原告，向法院提出离婚诉讼，对于被告的损害赔偿请求必须在离婚诉讼中一并提出。

如果在离婚诉讼案件中，无过错方是被告，被告同意离婚的，那么可以在一审的离婚诉讼中向有过错的原告提出损害赔偿请求。如果被告在一审中既不同意离婚又未提出损害赔偿的，那么被告可以在人民法院判决准予离婚后就损害赔偿单独提起诉讼。

需要注意的是，在无过错方是被告的离婚诉讼案件中，如果被告在一审时未提出损害赔偿请求，却在二审的审理过程中提出，那么根据《最高人民法院关于适用〈中华人民共和国民法典〉婚姻家庭编的解释（一）》的相关规定，人民法院会对案件进行调解；调解不成的，则会告知当事人另行起诉。如果双方当事人同意由第二审人民法院一并审理的，第二审人民法院可以一并裁判。

律师建议 ▶▶▶ ....

民法典时代，在婚姻存续期间，对一方出轨问题从法律层面予以了更加严格的惩处，过错方在离婚财产分割上将面临少分或是不分的情况，同时还要承担一定的损害赔偿（包括物质损害赔偿和精神损害赔偿）。具体到个案，家庭财产越多的家庭，过错方所需付出的经济代价也越大。

此外，对于具体的赔偿比例问题，其实《民法典》并没有明确的具体规定，需要法官根据个案的实际情况，行使法官的自由裁量权予以裁判。

我们希望每一段婚姻都能共担风雨，同享彩虹，执子之手，与子偕老。即便在这过程中有了摩擦和迈不过去的坎，也应该用更加成熟的方式去处理。无论是对感情问题还是财产问题，都可以咨询专业人士，获取相应的专业意见。

（颜瑜旭）

老公出轨会净身出户?
原谅我不厚道地笑了

死生契阔，与子成说。执子之手，与子偕老。

这是我们对婚姻最初的理想，可世事多变，常事与愿违。经常有当事人问我，配偶出轨，我准备离婚，该怎么办？我说，最重要的是查财产，签协议，有余力的再收集足够多的出轨证据！

有人可能会接着问，是不是应该想办法"捉奸在床"，然后让对方净身出户，卷铺盖走人？

不不不，你可能是电视剧看多了。

在热播剧《我的前半生》中，罗子君嫁给陈俊生之后，放弃了自己的本专业，洗手做羹汤，照顾儿子和老公，有空就买买买，成了令人艳羡的阔太太。

但是，婚后多年，生活还是对罗子君出手了，陈俊生出轨了，两个人还打起了离婚官司。好在，在争夺财产和抚养权的诉讼中，罗子君赢了。走出法庭时，律师斩钉截铁地对罗子君的家人说："我干这行几十年了，我有把握，放心吧，车子、孩子、房子全是你们家的！"

就这样，陈俊生被净身出户了！

让过错方净身出户，是常见的电视剧桥段。看着过错方灰溜溜地卷铺盖走人，房子、孩子、票子一个都没捞着，真是令观众大快人心！很多人也信以为真，在此我只能先打击你了：出轨者未必就会净身出户，生活不是电视剧，现实也不奉行"恶有恶报"那一套，有时候生活就是这样无奈。

我工作的律所承办过几千个离婚案。在那里，我常常能听到离婚当事人和律师有如下对话：

"对方出轨了，我可以让他净身出户吗？"

"目前没有这样的法律依据。"

"那可以让他少分财产吗？"

"不好意思，出轨实质上不影响财产分割。"

"难道出轨就没有代价吗？"

见多识广的律师叹了一口气："还真不一定有代价。"

① 原《婚姻法》背景下，为什么一方存在出轨等过错却不一定付出代价？

原《婚姻法》损害赔偿请求的只有四种情况：（一）重婚；（二）与他人同居；（三）实施家庭暴力；（四）虐待、遗弃家庭成员。

也就是说，在婚姻关系中，当一方存在婚外情，即便存在非婚生子的情况，在离婚财产的分割上也并没有不利于过错方的相关法律规定。

北京某法院曾判过这样一个案例。小君的丈夫出轨了，长期不回家，小君忍无可忍，提出离婚。法庭上，她丈夫承认了长期出轨事实，法院认定男方出轨，与他人同居，有重大过错，夫妻感情破裂，判决离婚，并让丈夫赔偿小君精神损失 5 万元。

只赔了区区 5 万元——而且获得这 5 万元赔偿还有一个前提：男方承认了长期出轨的事实。如果小君没有丈夫出轨的证据，丈夫也不承认呢？

在实务中面对配偶出轨，只有举证证明其达到"重婚或同居"的程度，方可主张离婚损害赔偿。那么问题来了，你怎么证明对方重婚或同居呢？

在大多数婚姻生活中，更多的情况是我们知道对方存在出轨的情况，但基本都没有达到"同居"甚至是"重婚"的地步。即便私家侦探为我们拍到了对方日常生活起居的视频，也并不一定能达到法律上对于"同居"甚至是"重婚"的认定。在司法实践中，针对出轨（婚外情）的案件，法官很少会支持婚姻无过错方对过错方的损害赔偿请求。

即使你拿到了"实锤"，让法院认定对方重婚或同居并判令赔偿，这种赔偿也仅仅是象征性的，数额很低，约等于拿个"安慰奖"。

好气啊，说好的让过错方净身出户呢？

其实，净身出户只是一种"民间说法"，法律上对其的描述是"少分或者不分"。而在实务处理中，不论是律师还是法官，面对这样的诉求其实很难办到，这主要是因为没有让过错方净身出户的法律规定。

1993 年的最高院司法解释提到，离婚夫妻财产分割时"照顾无过错方"，这有利于保护无过错方。

但是 2001 年施行的原《婚姻法》，只规定了离婚时财产分割应根据照顾子女和女方权益的原则，并没有吸纳离婚时财产分割照顾无过错方的规定。因此，面对一方出轨，财产分割向无过错方倾斜的法律依据显得不足，更谈不上净身出户。

这可能让婚姻中弱势一方的权益得不到有效保护，好在《民法典》回应了社会的呼吁，以立法形式对离婚财产分割原则做了修改。

② 《民法典》中离婚财产分割原则的变化，对我们有何影响？

《民法典》第一千零八十七条在"照顾子女和女方权益的原则"的基础上，增加了"照顾无过错方权益的原则"，将离婚时财产分割照顾无过错方的原则上升到了法律层面。

离婚时财产分割照顾无过错方，让过错方为自己的行为付出相应的经济代价，可以有效保护婚姻中的弱势群体一方。《民法典》施行后，照顾无过错方权益，可能成为离婚时处理夫妻共同财产的重要考量。

让我们回到最初的问题，这是不是意味着过错方要净身出户呢？

答案还是 "NO"。照顾无过错方权益，是指在总体平分的基础上，做一定程度的倾斜，这个倾斜度会比原来高。当然，具体能高多少，一方面法官有一定的自由裁量权，另一方面可能需要司法解释来界定。

③ 哪些过错会影响离婚财产分割？

严谨一点，我们重点讨论婚姻 "有效" 的情况下，离婚时可以主张财产分割照顾无过错方中的 "过错" 有哪些？

根据最高人民法院吴晓芳法官的观点，此处的过错包括离婚损害赔偿中的重大过错，且比重大过错的范围要更大。具体而言，有以下几点：

（1）重婚。如何证明构成重婚？在下面的《有一种感情未破裂，叫别人觉得感情未破裂》中，我会详细解说。

（2）同居。同居是指有配偶者与婚外异性不以夫妻名义持续、稳定地共同生活。同居与重婚的区别在于是否以"夫妻名义"共同生活。若是，则构成事实上的重婚，重婚罪还受《刑法》规制。若不是，则是原《婚姻法》或现行《民法典》规制的行为。

（3）家庭暴力。家暴只有零次和无数次。家暴像弹簧，你弱它就强。遇到家暴，千万不能怂，只会跑，只会哭，那下次对方会打你打得更狠。更可悲的是，有些人被打着打着还习惯了，还觉得这很正常，那就真的活在"悲惨世界"里了。因此受害者要适当地反击和求助，及时留存证据。根据《最高人民法院关于适用〈中华人民共和国民法典〉婚姻家庭编的解释（一）》第一条，持续性、经常性的家庭暴力，可以认定为虐待。

（4）虐待、遗弃家庭成员。什么是虐待、遗弃家庭成员？大家通过字面意思就能理解，情节严重的，可能构成虐待罪、遗弃罪。2020年5月曾有一条轰动一时的新闻：陕西一男子将自己79岁的瘫痪母亲拉到无人处，找个废弃墓坑倒进去埋了。这就不仅仅是遗弃问题了，还涉嫌故意杀人罪。

（5）比重大过错的范围要更大的过错。吴晓芳法官举例，比如存在一方通奸造成夫妻感情破裂的情形，一方有嫖娼行为等。这里的过错认定不是封闭性的，需要法官在合理范围内自由裁量。

解决了以上理论问题，下面我们就要谈谈大家最关心的实操问题了——怎么证明对方出轨。

④ **作为最常见的离婚案中的其他过错，对出轨该如何取证？**

前面我们说过，在原《婚姻法》框架下，出轨并不会导致过错方实质上少分财产。所以，长期以来，我们建议当事人不要纠结于收集出轨证据，换个思路，收集更多财产线索才更为重要。

挽救婚姻还是保住财产，有时候是一道选择题。当一段婚姻走到尽头时，大部分人还是想留住财产。

在原《婚姻法》背景下，要收集哪些财产线索？例如：证明过错方婚内财产数量的证据，以达到实际多分；证明过错方婚内向第三者赠与财产的证据，以达到撤销赠与；证明过错方在离婚期间隐藏、转移、变卖、毁损、挥霍财产或伪造债务的证据，以达到过错方少分或不分的目的。

《民法典》施行后，这项工作的内容增加了：我们还要收集过错方"挥霍"夫妻共同财产的证据，以主张过错方少分或不分。而且这些证据不限于离婚时，无论在婚内什么时间，只要发现一方隐藏、转移、变卖、毁损、挥霍夫妻共同财产，另一方都可以请求该方少分或不分财产，即使不以离婚为前提也可以。

不过，即便《民法典》新增了离婚时财产分割照顾无过错方原则，离婚当事人还是要重点收集足够多的财产线索，这是最基本的。

厘清财产证据后，有余力我们再收集足够多的出轨证据。鉴于《民法典》中过错方少分财产已经有了法律依据，虽然算不上"趁你病，要你命"，不过适度重视收集过错证据也是很有必要的。如何收集对方的出轨证据呢？

例如：在自家拍到配偶与第三者不正当关系的照片或视频，这种证据被采信可能性较大。

在公园或电影院等公共场所拍摄配偶和第三者亲密视频和照片，不涉及侵犯隐私、证据合法等。

不要学电视剧拍那些"捉奸在床"的桥段，当事人不要莽撞地闯入宾馆或他人住宅，否则取证合法性会遭受质疑。

律师建议 ▶▶▶ ··

　　"愿得一人心，白首不相离"，是人们向往的浪漫婚姻。但若事与愿违，也应尽量在合法合理的限度内维护自身权益。《民法典》回应大众关切，新增离婚时财产分割"照顾无过错方权益的原则"，将对婚姻中无过错方的保护上升到法律层面，引导大家更好地理解自己的行为边界。《民法典》鼓励树立良好家风、弘扬家庭美德，离婚时财产分割"照顾无过错方权益的原则"亦与营造良好家风、家庭美德的原则遥相呼应。

（黄举维）

··

离婚冷静期真的
让离婚更难了吗

2020 年 5 月 16 日，"央视新闻"发布了一条微博：《民法典（草案）》拟引入"离婚冷静期"，你支持吗？评论区瞬间炸了。短短 6 个小时，3.9 万人评论，4 万人转发，留言区清一色，统统都是"不支持"。最后，备受社会大众关注的"离婚冷静期"在一片喧嚣声中，正式被《民法典》吸收纳入。网友们纷纷发问，如：离婚冷静期会不会让离婚变得更加困难？是不是想要离婚都得经过离婚冷静期？离婚冷静期内一方转移财产怎么办？离婚冷静期内一方家暴怎么办？如何最大限度地争取离婚权益？

《民法典》为什么最终吸纳了离婚冷静期制度？我想起了自己曾经接手过的一个案子。

小红和小华是大学同学，两人在校园里谈了几年恋爱，感情基础非常好，毕业以后两人更是彼此鼓励，共同努力，事业也蒸蒸日上。后来，两方见了家长，并且正式领了结婚证，办了婚礼，还共同孕育了爱情的结晶，一切都是那么顺风顺水。

小华的母亲为了方便照顾孙子，搬来和小红及小华一起居住。这本该是件两全其美的事情，不曾想小红与婆婆观念差别很大，完全没办法共同相处，双方对打扫卫生、做饭、带小孩的方法互相看不顺眼，小华夹在中间也是左右为难。后来，小红和婆婆的矛盾越发激化，小红觉得小华不爱她了，只顺着母亲，这样的日子一天也过不下去，双方争吵不断，小红提起了诉讼离婚。

法官在询问双方是否夫妻感情确已破裂的时候，小红想起就算是诉讼离婚期间，只要自己生病，小华就会立马开车送她去医院的情节，声泪俱下，小华也动情地表示不想离婚。最后在法官的劝服下，小红答应回家和小华一起为这段婚姻再努力一次，小华也答应小红自己的母亲不会和他们共同居住。最终，小华和小红没有离婚。

生活中有一部分离婚，其实是在双方不冷静的状态下提出的，夫妻双方一时冲动，没有思考过矛盾的严重性及可行的解决方案，而"离婚冷静期"的设置，可以有效地避免冲动离婚。

离婚冷静期给我们带来了什么？待我仔细说道说道。

① 离婚冷静期让离婚更难了吗？

离婚冷静期的确让夫妻协议离婚的难度加大了。

但也仅限于协议离婚，诉讼离婚并不受该制度的影响。

《民法典》第一千零七十七条规定："自婚姻登记机关收到离婚登记申请之日起三十日内，任何一方不愿意离婚的，可以向婚姻登记机关撤回离婚登记申请。前款规定期限届满后三十日内，双方应当亲自到婚姻登记机关申请发给离婚证；未申请的，视为撤回离婚登记申请。"

我们来模拟一个场景，夫妻俩拿着离婚协议去民政局申请离婚。提交了离婚申请后，民政局工作人员说，你俩先回家冷静冷静，30 天之后再来。过了 30 天，夫妻俩依然想离婚，在第 31—60 天，他们随时可以去民政局领取离婚证。看到了吗？以后夫妻双方拿着离婚协议到民政局申请离婚，最长的领证期限将会是 60 天，最短的领证期限也是 31 天。

而在《民法典》颁布施行之前，夫妻若是协议离婚的，向民政局婚姻登记处预约后，在指定时间带齐材料，即可办理离婚手续，并当场领取离婚证。正是这样，中国一度是全世界离婚最容易的国家。

必须承认，离婚冷静期让协议离婚的耗时加长，且增加了双方临时变卦的可能性，从一定角度来说的确增加了夫妻双方协议离婚的难度。

② 所有的离婚都要经过离婚冷静期吗？

不是。《民法典》规定，离婚的方式有且仅有两种，一种是夫妻双方拿着离婚协议书到民政局去申请离婚，这种情况下适用离婚冷静期；另一种是诉讼离婚，即夫妻双方在无法对解除婚姻关系、分割夫妻共同财产、争取孩子抚养归属等任一问题协商一致的情况下，向法院提起离婚诉讼，而诉讼离婚是不适用离婚冷静期制度的。

③ 为什么现在生活节奏加快，反而需要设立离婚冷静期？

离婚冷静期并非我国独创，国外早已有之。英国的法律规定，夫妻一方或双方作出离婚声明后，须经过 9 个月的反省与考虑，确定的确无法维持婚姻关系了，才准许离婚。美国有些州的法律规定，离婚需要经过 6 个月的等候期。韩国为遏制不断上升的离婚率，在 2005 年推出了"熟虑期"和义务调解制度，规定申请离婚的夫妇如有子女，必须经过 3 个月的"熟虑期"，如无子女则"熟虑期"为 1 个月。为了保证申请离婚的女性及其未成年子女避免遭受家庭暴力等问题的困扰，充分保护女性和未成年人的权益，韩国的法律规定女性在遭受到家庭暴力、无法忍受苦痛或其他紧急情况时，可通过申请让法院缩短离婚"熟虑期"或免除离婚"熟虑期"。多国长时间的实践证明，离婚冷静期的实施对于挽回部分冲动型离婚有一定的积极效果。

关于我国设立离婚冷静期制度的立法初衷，离婚率居高不下是主要原因。2020 年第一季度，民政部公布的婚姻大数据显示，2019 年度我国结婚登记的夫妻有 947.1 万对，近 10 年来，结婚夫妻数首次跌破 1000 万对；离婚登记的夫妻有 415.4 万对，离婚夫妻数连续 4 年超 400 万对。中国的离婚率已经连续 16 年上涨。在这样的背景下，为了避免冲动离婚、维护社会稳定及树立正确的婚姻观，《民法典》设立了离婚冷静期这一制度。

很多人说，结婚冲动，但离婚未必冲动啊，还不如在结婚的时候设置冷静期！设置结婚冷静期可行吗？我觉得不太可行。如果没有点冲动，这婚还结得了吗？要知道，我国近 10 年的结婚率一直在下降！

④ 离婚冷静期内的财产和债务怎么处理?

"离婚冷静期"内,夫妻双方所得的财产算不算夫妻共同财产? 债务算不算夫妻共同债务? 如果一方意外死亡,遗产如何分配?

夫或妻一方在"离婚冷静期"所得的财产、所负的债务、意外死亡等,都应按夫妻关系的有关规定处理。我们可以将其概括为"三不变"与"三不得"。

"三不变":一是夫妻身份关系不变;二是财产关系不变;三是子女抚养关系不变。

"三不得":一是不得侵害对方人身权利;二是不得转移毁损夫妻共同财产;三是不得拒绝履行其他家庭义务。

⑤ 夫妻一方存在家暴、人身恐吓等行为,而另一方想尽快离婚,该怎么办?

有人对离婚冷静期提出质疑:对于存在家庭暴力的离婚当事人,离婚冷静期的规定岂不是助长了施暴方对受害人持续、加重地实施暴力吗? 那受害一方的人身权利岂不是无法得到保障?

如果夫妻一方存在上述情形，应该采取什么方式来解除婚姻关系呢？

小丁高中毕业就开始工作，小丁的女朋友小方则考入了大学。异地恋也没把两人分开，小方大学一毕业就和小丁走进了婚姻的殿堂。婚后，两人共育一子。后因家庭琐事，夫妻俩经常发生争吵，小丁奉行"女人不听话就得打"的信条，每次吵架都会殴打小方。小方经过痛苦挣扎，终于决定离婚。但是小丁始终不同意，还对小方各种人身威胁，甚至诉诸家庭暴力。小方无奈之下报了警，但是仍然受到小丁的各种人身恐吓。

后来，小方委托律师起诉离婚，并向法院申请了人身保护令，还带着孩子搬离了小丁知晓的住处。因为小丁存在家庭暴力情形，法院判决解除两人的婚姻关系。

在这个案子中，小方通过委托律师诉讼离婚，很好地保护了自己，也加快了离婚的进程。

如果夫妻一方存在家暴行为，建议尽可能地采取诉讼离婚而不是协议离婚的方式来解除婚姻关系。对施暴方，受害方可向法院申请人身保护令，同时收集足够多的家暴证据，尽可能地向法院争取一次就判决离婚。

⑥ 如果夫妻一方在离婚冷静期内恶意转移夫妻共同财产，另一方该如何维护自己的权益？

根据《民法典》第一千零九十二条的规定，假如夫妻一方在离婚冷静期内转移、隐藏、变卖、毁损或挥霍夫妻共同财产的，可以主张对方不分或者少分这部分夫妻共同财产。离婚后，另一方发现有上述行为的，可以向人民法院提起诉讼，请求再次分割夫妻共同财产。

2015 年 9 月，小李与小周登记结婚。结婚后双方经过多年打拼，有了一定的经济积累，名下有两套房产、一家经营得不错的公司，还有 50 万元存款及股票若干。不料小周有点钱就"飘"，长期和第三者双宿双飞。小李想要挽回这段婚姻，又是沟通又是示好，但最终还是无法挽回。无奈之下，双方打起了离婚官司。等小李委托律师去查询夫妻名下的一系列资产后，才发现存款已经所剩无几，股票早已卖掉，名下的公司也濒临破产。死了心的小李本想，既然没有了感情，那就多分一点财产吧！可是现在看来，她既丢了感情又丢了金钱，真是要多惨有多惨！为此，小李的代理律师竭尽所能地运用法律，详尽查询到了小周转移存款、股票的时间和金额，最终法院认定该部分转移的存款和股票的金额属于夫妻共同财产，在一定程度上挽回了属于小李的那部分财产。

如果男女双方有离婚的迹象，一方当事人一定要做好婚姻中防止另一方转移财产的准备，以免造成自己财产权益的重大损失。

说个题外话，诉讼离婚中，在原告一方初次提出离婚，而另一方不同意离婚的情况下，除非具备法定离婚理由或者一方提交了足以证明夫妻感情确已破裂的证据，否则法院一般会判决不准予离婚。

对于第一次判决不准予离婚的案件，原告方需在 6 个月之后才可以提起第二次诉讼。我们同样要关注这 6 个月时间，因为它为对方恶意转移财产提供了可乘之机。

律师总结 ▶▶▶ ···

离婚冷静期让离婚变得更难了吗？它限制离婚自由了吗？未必。结婚、离婚都是自由的，但是婚姻不是想结就结，也不是想离就离，婚姻的自由更像是一种责任。离婚冷静期，让想结婚的人慎重考虑结婚，更让准备离婚的人慎重决定是否离婚、采取什么样的方式离婚。我们期待，夫妻双方经过审慎思考的聚散，能够让婚姻的自由之花开得更美。

（郭桂花）

有一种感情未破裂，
叫别人觉得感情未破裂

《诗经》有言："靡不有初，鲜克有终。"

诉讼离婚，最关键的是证明夫妻感情确已破裂。但当事人认为的感情破裂，未必符合法定的感情破裂情形，也未必达到法官判决离婚的感情破裂证明标准。因此，时常有人吐槽，司法实践中认定感情未破裂，就像你妈喊你穿秋裤。

正在诉讼离婚的甜哥好几天睡不着了，因为律师提醒他要好好质证感情是否破裂。甜哥想不通了，感情破裂不是明摆着的吗，怎么还要质证？他嘀咕着：和妻子甜嫂分居都两年半了，去年上半年甜嫂还诽谤自己和家人，让围观群众吃瓜吃得不亦乐乎，这给自己的心理造成多大伤害，这还不算感情破裂吗？

离婚案第一次开完庭后，甜哥更坐不住了。都闹成这样了，甜嫂竟然主张感情没有破裂，证据是：去年夫妻双方还一起带女儿出去玩，生日的时候甜哥还送甜嫂礼物。甜哥很生气，要不是为了女儿，谁愿意演戏？这也能证明感情没破裂？都分居两年半了，怎么感情就没破裂？

如何确认夫妻感情破裂呢？感情确已破裂的法定事由有5点：（1）重婚或者与他人同居；（2）实施家庭暴力或者虐待、遗弃家庭成员；（3）有赌博、吸毒等恶习屡教不改；（4）因感情不和分居满二年；（5）其他导致夫妻感情破裂的情形。

甜哥认为，双方分居两年半了，感情当然破裂了。但实务中，光分居满两年是不够的，还得证明因"感情不和"分居满两年。分居满两年好证明，但是要证明因感情不和而分居满两年，举证就难了。

有人不禁调侃：

有一种冷，叫你妈觉得你冷。

有一种感情未破裂，叫别人觉得感情未破裂。

① 诉讼离婚要多久才能判离？难点何在？

以争议不大的离婚案为例，法院采用简易程序，一审会在 3 个月内审结。如果不能举证证明夫妻感情确已破裂，另一方又不同意离婚，法院第一次大概率会判决不准予离婚。没有新证据的话，原告只能过 6 个月再起诉。注意，该 6 个月仅是限制原告一方，被告起诉不受 6 个月的时间限制。第二次起诉审理期限 3 个月，大概率会判离。因此，算下来离婚最快是 1 年。

但是，如果案情复杂，争议大，被告还人为拖延诉讼导致传票无法送达，需采用公告送达，走普通程序（审限 6 个月），可能长达 2 年才能判离。若对方再提个管辖权异议，再对驳回管辖权异议的裁定上诉，又可以多拖上几个月。

当然，以上情况不绝对，某些情况复杂、争议较大的离婚案，三五年才判离的也不罕见。

有些当事人不禁感慨：我们的婚姻真的没办法挽救，能不能痛快点判离？回答这个问题，需了解法官审理离婚案子的逻辑。

被告不同意离婚的案子，法官的审判思路一般是：首先审查是否有法定离婚事由，如果有充分证据证明法定离婚事由，就判离；其次，看夫妻之前是否已经起诉过离婚，若有，且第一次起诉后夫妻感情没有缓和或改善，法官一般也判离，当然也不绝对。

为什么第一次离婚大概率不判离？

起诉离婚的一方主张对方存在出轨、重婚、家暴等过错，但是证据呢？主张出轨，却不能举证证明对方与第三人达到同居的程度；主张重婚，却不能证明对方与第三人以夫妻名义持续共同生活；主张家暴，也没有充分证据证明是对方所为。

试想一下，原告想离婚，却没有足够证据能证明夫妻感情确已破裂，被告也不同意离婚，法官该怎么判决呢？因此，诉讼离婚对当事人举证能力提出了较高要求。

举证，可谓是重点，也是难点！

需注意，《最高人民法院关于适用〈中华人民共和国民法典〉婚姻家庭编的解释（一）》第六十三条还规定，法院审理离婚案件，符合应当准予离婚情形的，不应当因当事人有过错而判决不准离婚，这在一定程度上限制了法官的自由裁量权。

② 家暴取证那么难，该怎么办呢？

2020 年 6 月 1 日，广西某法院门口，一女子躺在地上，男子不断狠踹其头部。起因是女方起诉离婚，但男方不同意。

有人说，在法庭门口，这样的离婚诉讼殴打事件每周都在发生。

也有人说，当初我爸妈离婚时，虽然没有这样直接动手，但他去我外婆家闹事，威胁要把所有人都砍了。

婚姻中，一部分人遭受暴力和精神威胁。这次被殴打的诉讼离婚事件，有人在同情女子的同时也拍手称快，因为这种行为增加了法院一审判离的可能性；同时，男方还涉嫌寻衅滋事、故意伤害等刑事风险。

但是，如果这种暴力行为发生在家里呢？如果家暴发生在离婚冷静期呢？

《民法典》通过后，很多人担忧 30 天离婚冷静期会助长施暴者的暴力行为，让受害一方离婚无门。这一担忧，可能是大家想多了。

家暴施暴者往往有一个共同点，那就是他们不同意离婚。即使家暴受害者想离婚，但施暴者不同意离婚，协议离婚就无从谈起，协议离婚适用的30天离婚冷静期更是无从谈起。因此，更适合家暴受害者及时止损的方式是：诉讼离婚，收集家暴证据，争取一次判离。

不过，家暴施暴者随时可能爆发，就像《宫心计》里那句广为人知的台词一样——"打你就打你，还要挑日子吗？"受害者不可能天天架个相机准备着。面对突如其来的家暴，该如何收集证据呢？

（1）这里要重点强调，第一次被家暴不要忍气吞声，要让施暴方受到惩戒，否则往后家暴可能有无数次。

（2）及时报警并做笔录。民警到来之前，寻求邻居和周边群众帮忙。民警到来后，要求民警做笔录，记录家暴过程，并要求出具报警回执。

（3）对暴力现场、伤情、对方行为等拍照或同步录像。

（4）到医院就医，保留就医病历、发票等检验报告。

（5）要求写保证书，将对方家暴事实书面固定下来。

（6）向居民委员会、妇女联合会等机构投诉。

（7）及时向法院申请人身保护令。

2020 年 11 月 25 日，最高人民法院与全国妇联、中国女法官协会联合发布人身安全保护令十大典型案例。同年 12 月 29 日，最高人民法院《关于修改〈民事案件案由规定〉的决定》还增加第二级案由"四十六、申请人身安全保护令案件"。这充分表明各方合力向家庭暴力坚决说"不"的态度和决心。

家暴是判离的法定事由，但并不是所有声称的家暴都会被认定为家暴，关键就在于你能否拿出充分的家暴证据。

③ 第一次判不离，分居满一年就可判离？

《民法典》第一千零七十九条增设一款："经人民法院判决不准离婚后，双方又分居满一年，一方再次提起离婚诉讼的，应当准予离婚。"

"应当"二字限制了法官的自由裁量权，也就是说，第一次判不离，分居满一年的，必须判离。这在一定程度上有利于限制离婚诉讼"久调不判"的情况。

也有人提出质疑：原本第一次起诉后，过 6 个月再起诉就可以判离，现在要分居满 1 年，这不是让判离时间更长了吗？

以上观点存在认知误区，让我举一个曾经接手过的实务案例来说明。

韬哥和思思自由恋爱，结婚 9 年后，婚姻亮起了红灯。韬哥想离婚，思思不同意，韬哥只好起诉离婚，法院认定夫妻感情未破裂，没有判离。此后，韬哥申请派驻国外工作，1 年多以后韬哥回国，再次起诉离婚。法院认为，虽然夫妻俩分居 1 年多，但双方是因为工作原因分居，不是因为感情不和而分居，且分居未满 2 年。加上思思极力主张双方感情未破裂，法院驳回了韬哥的诉讼请求。

这说明什么呢？法律并没有规定第一次判不离之后，第二次起诉一定要判离。第二次起诉离婚，如果不能证明夫妻感情破裂，法院也可能判不离。

《民法典》施行后，判决结果可能有所不同。根据《民法典》第一千零七十九条，韬哥第一次离婚的诉讼请求被驳回后，第二次提起离婚诉讼，只需要证明双方分居满一年，法院就应当准予离婚。

所以，有人说新增这一条让判离时间变得更长是有失偏颇的。当然，这里有一个难点，就是如何证明分居满一年？

（1）签订分居协议。通过书面分居协议确认分居事实。

（2）一方的租房合同、水电费、物业费缴费单据等。

（3）微信、短信、视频、邮件记录等，确认分居事实。

（4）物业或居委会出具的证明。

（5）在外地的居住登记或居住证。

（6）了解分居情况的邻居、朋友的证言。

④ 老公出轨还有私生子，构成重婚罪吗？

经常有"硬核"的女人问我："我老公出轨了，还有私生子，他是不是构成重婚罪了？我要告他！"

重婚罪，是有配偶而重婚，或明知他人有配偶而与之结婚的行为，存在两种情形：（1）法律上的重婚，即在民政局办理结婚登记；（2）事实上的重婚，有配偶而与他人以夫妻名义持续共同生活。

对于事实上的重婚，怎么证明配偶与他人以夫妻名义持续共同生活呢？

比如，有知情邻居或朋友作证，他们平时对外以夫妻名义相称，长期共同生活；查看对方的微信、短信等聊天记录及亲密视频，重点留意其中以夫妻相称的内容；对方与第三者举办婚礼或孩子满月酒时的照片或视频等。

重婚罪的量刑重吗？

《刑法》第二百五十八条规定：有配偶而重婚的，或者明知他人有配偶而与之结婚的，处二年以下有期徒刑或者拘役。

不过，重婚罪过了 5 年追诉时效，司法机关就不追究了。5 年追诉时效，从重婚行为结束之日起计算。

一方若构成重婚罪，除了要承担刑事责任，无过错方还可以向其主张民事上的损害赔偿。

律师建议 ▶▶▶ ···

　　获奥斯卡金像奖六项提名的电影《婚姻故事》中，有这样一句话："刑事律师会看到坏人最好的一面，而离婚律师会看到好人最坏的一面。"诉讼离婚时，夫妻俩在法庭上的针锋相对，不能说是"最坏的一面"那么夸张，但每每在法庭上看到曾经彼此相爱的两个人吵得脸红脖子粗，曾经的爱、关心及呵护都随之烟消云散，我们也不禁惋惜。

　　如果说真要有什么建议，我们更希望看到，曾经的爱人好聚好散，彼此成全。作为律师，我们也乐得"听讼，吾犹人也，必也使无讼乎"。

（黄举维）

···

生活终于对我下手了，
我想做亲子鉴定

"这孩子是我的吗？"一位 17 岁孩子的父亲疑惑很久了，终于按捺不住去做了亲子鉴定。结果出来了，不出所料，儿子不是他亲生的。

这位父亲呆坐了好久，最终决定把鉴定书留在鉴定中心，也把这个秘密藏在心中，他告诉自己"养亲比血亲更亲"。他想，等他死了，孩子如果想知道，可以自己去查看。

在亲子鉴定中，我们见过太多亲情的挣扎与破灭，这个案例的温暖结局令人动容。然而，还有很多亲子鉴定，伴随着鸡飞狗跳、怀疑和伤害。什么情况适合做亲子鉴定？亲子鉴定怎么申请？我怀疑儿子不是亲生的，老婆却不同意我做鉴定怎么办？今天这一篇，我们将从法律的角度讲讲亲子鉴定的那些事儿。

① 哪些情形适合做亲子鉴定？

（1）怀疑孩子不是自己亲生的。

王某与前妻赵某离婚后，儿子的抚养权归前妻赵某所有，王某定期支付儿子的抚养费。然而，在孩子成长的过程中，王某越看越觉得儿子长得不像自己，通过种种迹象，他怀疑儿子并非自己亲生的，于是与其做了亲子鉴定，结果显示儿子果然并非王某亲生，而是前妻赵某在婚姻存续期间与钱某在外所生。为此，王某请求确认亲子关系无效，并要求赵某退还其已经支付的抚养费，最终法院支持了他的诉请。

（2）遗产继承纠纷中需要确认是否亲生。

李某因车祸意外离世，他的遗产本应该由他的父亲、母亲、妻子及其儿子小李继承。但在继承过程中，李父提出小李并非李某的亲生儿子，没有权利继承李某的遗产。通过亲子鉴定，证实小李的确不是李某的亲生儿子，故其未能顺利继承李某的遗产。需要注意的是，若小李为李某的养子，其也是有继承权的。

（3）未婚先育落户、超生落户，无法提供出生证明。

张先生在广东打工时认识了周女士，两人感情发展得很快，没多久周女士就怀了孕，生下一个男孩。由于张先生和周女士没有办理合法的结婚登记手续，孩子也没能取得医院的出生医学证明。因为没有合法手续，孩子的户口问题一直没能落实。后周女士因意外事故不幸身亡，张先生便一个人带着儿子生活。得知新的户籍政策开始实施后，张先生到当地派出所询问能否给儿子上户口，得到的回复是：需要做亲子鉴定。

根据浙江省颁布的《浙江省出生医学证明管理规定》，婴儿出生一年后首次申领《出生医学证明》的，除提供基本相关资料外，还必须提供亲子鉴定证明。有人认为，一年后办理出生证时要求亲子鉴定，可以让满一岁以上被拐儿童的家庭无法给孩子上户口，斩断人口买卖链，从而有效打击儿童拐卖。同样，在认领被拐卖儿童时，也需要进行亲子鉴定，以证明孩子是亲生的。

（4）遭强奸怀孕，指认强奸犯。

2016年4月2日一早，河南省唐河县城郊乡某村妇女邢某急匆匆来到城郊乡派出所报警，称自己上小学六年级的女儿被人强奸并怀孕了。经询问和筛查发现，女孩曾被三个不同的男子长期性侵。为此，警方找到三个男子逐一进行DNA鉴定，并确认孩子生父，最终，三人均被判刑。

除以上情形之外，遇难者的身份无法辨认、怀疑产房调换婴儿、失散家人认亲、移民等，均涉及亲子鉴定。

② 个人鉴定可以成为民事诉讼的证据吗?

先说结论，可以。亲子鉴定按照鉴定目的，可以分为个人鉴定和司法鉴定。上文中提到的遗产继承纠纷要确定是否亲生，强奸犯的认定，认领被拐卖儿童，未婚先育落户、超生落户、无法提供出生证明等，均属于需要司法鉴定的内容。

个人鉴定则包括下列情形：怀疑子女不是亲生；怀疑医院产房或育婴室调换了新生儿；失散的家庭成员认亲；遇难者（空难、海啸等）身份无法辨认；抚养权纠纷等。

2014 年 10 月下旬，成都市民老周家发生了一件大事。当年 9 月，因总听人念叨小儿子小周跟自己长得不像，71 岁的老周设局骗了小周一滴血，找到一家公司去做基因鉴定。10 月份，结果出来了，小周既不是老周的儿子，也不是老周的老伴刘婆婆的儿子。老周夫妇俩怀疑，38 年前刘婆婆在医院生产时，医生抱错了娃娃。

个人亲子鉴定本身不公开，所以鉴定委托人有权不提供任何证件。样本可以自行取样，送到专业鉴定机构，其鉴定结果仅提供给鉴定委托人。鉴定结果可以作为民事诉讼中的证据。

个人鉴定在取样环节，不需要公检法出具委托书，也不完全需要申请人提供身份证等证件和同意书，仅作为鉴定人亲权鉴定的一个凭证，并可作为证据之一，但鉴定流程、鉴定结果准确性和司法鉴定是一致的。在我国，80% 的亲子鉴定都属于个人鉴定而非司法鉴定。

司法亲子鉴定是完全公开的，必须得到父、母、孩子三方同意，三方亲自到场，带齐包括身份证、户口本等相关有效证件。鉴定结果可以用作司法用途（上户口、办移民、打官司等），也可以作为法庭上的呈堂证供。

司法鉴定只适用于诉讼活动，是在特定的诉讼审判程序过程中，由法官启动的一项科学鉴定活动。换言之，不参与诉讼活动的，也就是不在法庭打官司的，就不需要做司法亲子鉴定；需要打官司的，诉讼到法院后，由法院启动的鉴定才叫司法鉴定。

③ 个人如何申请司法亲子鉴定？

（1）委托：当事人可以通过相关部门、法院、律师事务所办理委托手续，也可以直接个人委托司法鉴定。成年被鉴定人均应自愿同意鉴定，12 岁以上的青少年具有知情权，应适当征求其对鉴定意见。

（2）身份证明：当事人需提供身份证、孩子的出生证（或户口）等证明身份及其相互关系的证件原件。

（3）缴费采样：按相关规定缴费。所有被鉴定人都要本人到现场由专业人员进行取样，留下指纹及拍摄照片作身份证明，取样时须有合法证人在场。

④ 法院可以强制要求当事人进行亲子鉴定吗？

法院不能强制要求当事人进行亲子鉴定，但不愿接受亲子鉴定的一方，可能会承担对自己不利的后果。

吴某与郑某婚后育有一子，后吴某发现郑某与一男子从婚前就保持不正当男女关系，吴某因此向法院起诉离婚。因怀疑孩子并非自己亲生，吴某向法院申请进行亲子鉴定。法院通知郑某后，郑某拒不配合。在此种情况下，若吴某有一定证据证明孩子并非自己亲生，则法院可以推定孩子并非吴某亲生；若吴某无任何证据证明孩子并非自己亲生，则法院不能据此推定孩子并非吴某亲生。在本案中，吴某未能提供其他证据证明孩子并非自己亲生，因此，法院不能就此推定吴某的主张成立。相反，若吴某能提出证据证明孩子并非自己亲生，而郑某又拒绝做亲子鉴定，则推定吴某主张成立。

总结来说，夫妻一方向人民法院起诉请求确认亲子关系不存在，并提供必要证据予以证明，另一方没有相反证据又拒绝做亲子鉴定的，人民法院可以认定请求确认亲子关系不存在一方的主张成立；反之，当事人一方起诉请求确认亲子关系，并提供必要证据予以证明，另一方没有相反证据又拒绝做亲子鉴定的，人民法院可以认定请求确认亲子关系一方的主张成立。

《最高人民法院关于适用〈中华人民共和国民法典〉婚姻家庭编的解释（一）》第三十九条也对此做出了明确的规定："父或者母向人民法院起诉请求否认亲子关系，并已提供必要证据予以证明，另一方没有相反证据又拒绝做亲子鉴定的，人民法院可以认定否认亲子关系一方的主张成立。父或者母以及成年子女起诉请求确认亲子关系，并提供必要证据予以证明，另一方没有相反证据又拒绝做亲子鉴定的，人民法院可以认定确认亲子关系一方的主张成立。"

⑤ 当亲子鉴定用于诉讼——亲子关系确认或否认之诉

涉及亲子鉴定的诉讼，一般为亲子关系确认之诉或亲子关系否认之诉。

举例来说，子女以父母并非自己亲生父母为由不愿意赡养父母的，父母可以要求通过亲子鉴定来确认亲子关系的存在；爸爸认为儿子并不是自己的亲生儿子，可以通过亲子鉴定来否认亲子关系的存在。那么，在亲子关系的确认或否认之诉中，又有哪些需要注意的事项呢？

原《婚姻法》未明确规定父母有权单独提起亲子关系的诉讼，仅在司法解释中有相关规定。但《民法典》第一千零七十三条明确规定："对亲子关系有异议且有正当理由的，父或者母可以向人民法院提起诉讼，请求确认或者否认亲子关系。对亲子关系有异议且有正当理由的，成年子女可以向人民法院提起诉讼，请求确认亲子关系。"该项新规定一方面明确了父母提起确认之诉的权利，另一方面也增加了成年子女提起亲子关系确认之诉的权利。

2000 年，浩浩和丽丽同居后育有一女小丽，后两人感情破裂，丽丽回老家独自抚养小丽，浩浩与晶晶结婚后育有一女小晶。

2020 年，浩浩不幸感染新冠肺炎病逝，留下巨额遗产。得知此事，小丽持本人出生证明等相关证据欲证实自己的继承人身份，但晶晶与小晶对其身份均不予承认。在这种情况下，小丽是否有权申请确认与浩浩具有亲子关系呢？

上述案例中，小丽为浩浩与丽丽的非婚生子女，但其亲子关系存有异议，根据《民法典》第一千零七十三条的规定，小丽有权向人民法院提起诉讼，请求确认其与浩浩具有亲子关系，以维护自己的合法继承权益。

在此我们需注意三点：第一，亲子关系之诉具有严肃性，必须有正当理由才可以提起。提起亲子关系之诉的一方必须提供证据证明亲子关系存在或不存在。第二，只有成年子女能提起亲子关系之诉，未成年子女不可以。这是因为未成年人还没有完备的认知和判断能力。第三，子女只能提起亲子关系确认之诉，不可提起亲子关系否认之诉。这条规定有助于避免成年子女逃避赡养义务。因为无论成年子女是否亲生，其父母已尽到了抚养义务。

⑥ 代孕情况下，如何认定亲子关系？

根据《人类辅助生殖技术管理办法》第三条的规定，雇人代孕产子违反伦理道德，为法律所禁止，代孕行为是无效的。但是，在现实生活中，代孕现象却屡禁不止。这其中也会涉及亲子关系的相关问题，下面做简单介绍。

李某与施某系夫妻。施某多次借助人工生殖技术尝试取卵受孕失败后，与案外人签订代孕协议，由他人安排代孕母亲，由施某丈夫李某提供精子进行试管婴儿代孕，并生育双胞胎李甲、李乙。因家庭琐事，李某与施某产生矛盾，李某先起诉要求与施某离婚，后尚未结案就另行以自己名义起诉要求确认李甲、李乙与施某不存在亲子关系。在这种情况下，施某是否和李甲、李乙存在亲子关系？

即使夫妻双方协商一致代孕，因代孕合同无效，因此所生子女与无血缘关系方不存在亲子关系。

就婚姻家庭制度体系而言，《民法典》第一千零七十三条是一项进步，同时，《最高人民法院关于适用〈中华人民共和国民法典〉婚姻家庭编的解释（一）》第四十条对人工授精也做出了明确的规定："婚姻关系存续期间，夫妻双方一致同意进行人工授精，所生子女应视为婚生子女，父母子女间的权利义务关系适用民法典的有关规定。"但面对代孕等新型、非传统型生育模式，该规定覆盖范围仍显不足。

律师建议 ▶ ▶ ▶ ⋯⋯⋯⋯⋯⋯⋯⋯⋯⋯⋯⋯⋯⋯⋯⋯⋯⋯⋯⋯⋯⋯

为了维护自己的合法权益，在必要的时刻，我们不该为了维护岌岌可危的情分而羞于提起"亲子鉴定"这四个字。亲情是神圣的，但是建立在谎言和欺骗之上的亲情，并不值得敬畏。

不过，亲子鉴定绝对不是鼓励大家去质疑亲情。亲情是无可替代的，子女自出生起就和父母血脉相连，我们不应该对骨肉亲情产生毫无依据的质疑，亲子鉴定只是走到最后无可奈何的选择。

（张玲燕）

今天又是找前夫协商
探视孩子的一天

探视权，也称探望权，顾名思义，是指夫妻离婚后不直接抚养子女的一方探望子女的权利。

既然是"权利"，那是不是可以任意使用，或者放弃不用？

答案是，不能！

《民法典》第一千零五十八条规定："夫妻双方平等享有对未成年子女抚养、教育和保护的权利，共同承担对未成年子女抚养、教育和保护的义务。"

换句话说，探视权和劳动权、受教育权一样，既是一项"权利"，也是一项"义务"。

那探视权重要吗？

非常重要！

这么说吧，夫妻离婚，除了财产和孩子，其他都是小事；孩子问题，除了抚养和探视，其他都是小事。

司法实务中，不论是协议离婚还是判决离婚，明确对孩子的探视问题，都是必不可少的。如果生效的离婚判决书中未涉及探视权，当事人有权就探视权问题单独提起诉讼。

从《民法典》相关规定来看，离婚后，父母双方对子女仍然有抚养、教育、保护的权利和义务。

探视权既是非抚养一方维系亲子感情的基本权利，也是离异父母保障孩子身心健康的必要义务。

当然，父母的探视不利于子女身心健康的，另当别论。

另外，亲生父母与其子女具有天然的血缘关系，父母与子女间的关系，不因父母离婚而消除。人为阻断亲情是违反人性的罪恶行为，也是不被法律所允许的。

然而在实务中，探视权往往有名无实，形同虚设，令人唏嘘。接下来我们试试以案例为引，寻找"解药"。

① 不准探视、随意探视、拒绝探视，伤害的都是孩子

（1）前夫不让前妻探视孩子，前妻可申请强制执行

田芯因与马宝三观不合，最终无法忍受，选择离婚。但因生活所迫，田芯没有争取孩子的抚养权，而是让其随马宝生活。其后马宝后悔离婚，他知道田芯牵挂孩子，便经常利用孩子来逼迫田芯复婚，不但没有如约定期让田芯母子相聚，还经常无视田芯合理的探视请求，人为阻断母子亲情。马宝的不当行为，让田芯更加坚定了不妥协、不复婚的决心，但田芯也因此付出了常年见不到自己孩子的代价，经常为此伤心落泪，痛苦不堪。

马宝为了达到与田芯复婚的目的，无视田芯的探视权，必然适得其反，害人害己。对此，田芯应当及时通过法律途径遏制马宝的不当行为，可针对探视权向法院申请强制执行，要求定期探望孩子；如马宝拒不配合，法院可对其进行罚款和拘留等处罚。

当然，处罚不是目的，让田芯母子正常相聚才是。希望马宝

经过法院执法人员的教导，会明白探望孩子是田芯应有的权利，这也有助于孩子的健康成长。

（2）一方滥用探视权，另一方可沟通亦可制止

李蕾和韩强离婚后，法院把孩子判给了李蕾抚养，韩强可以每周探望孩子一次。虽然儿子离婚了，但韩强的母亲十分想念孙子，经常会去看望。一开始，这种关系还挺融洽，但渐渐地，韩强的母亲经常不打招呼就到幼儿园把孙子接走，这让李蕾无所适从。李蕾只好跟幼儿园约法三章，约定未经其同意，任何人都不能把孩子接走。于是，等韩强的母亲再来接孩子的时候，就吃了闭门羹。老人家对前儿媳的这种做法非常不满，还对其施加道德压力，说前儿媳"没人性"，双方闹得很不愉快，两边的关系迅速恶化，最终反目成仇。

后来，李蕾起诉到法院，法院支持了她的诉求，孩子奶奶未经同意不能再来看望孩子，并应当向孩子妈妈李蕾赔礼道歉。

本案中，孩子的奶奶滥用探视权，或许只是对法律规定的无知，但其对孩子甚至对李蕾并无恶意，李蕾在通过法律途径解决问题之前，如果可以跟老人家提前沟通协商，约法三章，双方或许可以继续保持和谐关系。

夫妻离婚之后，受影响最大的应该是孩子，让孩子的生活环境和人际关系保持稳定，是对孩子最大的保护。本案中，孩子的奶奶应当尊重抚养人李蕾的监护权，每次探望应提前跟李蕾打招呼，不要给她造成孩子不安全的心理负担；李蕾也应当让孩子奶奶在遵守约定的情况下继续探望，让单亲家庭的孩子获得更多关爱。

（3）不履行探视义务，是对孩子更严重的伤害

沐沐因王强婚内出轨，选择离婚，孩子由王强抚养。次年，沐沐另嫁他人，之后便不再与王强联系，也没去探望过孩子。孩子想念亲妈，就跟王强吵闹。为了让孩子健康成长，王强希望沐沐能时常回来探望，但沐沐"恨屋及乌"，不为所动，一直没来探望年幼的孩子。王强后悔不已，进退两难。

沐沐始终未去探望孩子，给孩子幼小的心灵带来了不可弥补的伤害。渐渐地，孩子习惯了没有妈妈的日子，且在王强的错误引导下，逐渐认为妈妈才是犯错的那个人，对妈妈的感情由思念变为怨恨。

转眼，孩子上初中了，沐沐多年未见孩子也心生牵挂，于是要求探望孩子。王强并没有拒绝，但此时孩子异常冷漠，对沐沐的探视要求非常抵触，双方不欢而散，沐沐倍感后悔。

　　夫妻离婚是对孩子的一次伤害，不履行探视义务则是对孩子又一次更严重的伤害。作为父母，非抚养一方有履行探视的义务，另一方有配合探视的义务。这是减少孩子心灵受到的伤害的最有效的办法之一，双方都应当重视和珍视，而不应让仇恨情绪蒙蔽了心眼，从而留下更多遗憾。

　　同时，探视权的行使要以有利于孩子成长为前提。如果孩子已经拥有独立思考能力，不愿意被非抚养方探视，则不应强制执行。

　　本案中，在离婚初期，王强如主动与沐沐沟通无果，可以就探视问题向法院申请强制执行，要求沐沐在规定的时间和地点对孩子进行探视。

　　孩子成长时光一去不复返，需要陪伴的时间那么有限，失去了就追不回来了。对沐沐而言，让别人的过错成为自己的错过，是非常失当的选择，她最终也为此付出了代价。

　　既然孩子已经长大，既然所谓的探视对他已经失去意义，那离异双方与其纠结后悔，不如安心过好自己的日子，将来在孩子需要的时候再尽力帮助。只要心中有爱，亲情是割不断的，等孩子真正长大后，定会理解父母的无奈与选择。

②　探视难，究竟难在哪儿？

认识浅。离异夫妻及其家人对孩子探视问题没有引起足够的重视是探视难的根源之一。成人关注的基本是离异双方的矛盾问题，而对孩子的感受往往选择忽略，没有认识到非抚养一方对孩子的定期探视，既是孩子在离异家庭中继续健康成长的必要条件，也是离异双方对孩子应尽的长期义务。

周期长。探视是一个长期行为，通常子女未成年（未满18周岁）之前，非直接抚养一方都有定期探视的权利和义务，因此在司法执行中具有反复性。比如，在一些积怨较深、矛盾较大的离婚案件中，子女往往被作为父母要挟、牵制甚至是攻击对方的"工具"，类似的案例屡见不鲜。在法院被申请介入后，不履行义务一方通常会表现得十分配合，而一旦法院执行结案，不履行义务一方又会以各种理由或借口拖延履行，导致法院不得不重复介入。

不可控。孩子具有独立人格，随着年龄的增长，其个人意志也在不断成熟，逐渐具备自主决定的能力。孩子一旦出现逆反心理，探视主动权就不掌握在父母手里了。此外，探视期漫漫，孩子如果随抚养一方搬家甚至移民，所谓的探视也无从"试探"了。

难强执。离婚后，非抚养一方如果不给生活费，那只要抚养方提供证据，法院就可以通过冻结、查封、扣押义务人等值的财产等方式进行强制执行。但行使探视权的目的是让孩子健康成长，孩子本身也不能成为强制的标的。何况强扭的瓜不甜，强制下的探视意义究竟有多大，仍有待商榷。

❸ 破解探视难题，当事人的努力和规章制度的制定，一个都不能少！

离异双方通情达理，重视孩子的成长问题，协商解决，是解决探视问题的根本之道。

那司法机关及相关机构组织应当如何引导当事人自觉遵守双方的约定和法律的规定呢？我们应从制度上下功夫！

首先，法院在诉前调解阶段、诉讼阶段及执行阶段，应当把握各种机会加强对双方就探视问题的法律解释工作。

让抚养子女一方明白，探视权是基于血缘关系的亲权，是维系亲子情感纽带的重要途径，不应横加阻拦，更无权剥夺。而且，为了子女心理的健康成长，为另一方探视子女提供便利和协助是其应尽的义务。

让非抚养一方明白，探视权是一项长期的权利，也是一项长期的义务。在这一过程中，探视权可能会受到多种因素的影响而迟延或无法行使。在发生迟延行使的情况时，双方应当重新协商探视方式。在遇到探视困难时，应当客观、理性地沟通解决，不能强人所难，更不能缠讼累讼。

同时，大人的恩怨不应殃及孩子。在孩子尚且需要探视的时候，不要任性，不可无情，以免抱憾终身。

其次，成人（包括有关机关和组织）要确认孩子在探视中的意愿。孩子作为探视对象，并非只能处于被动接受状态。恰恰相反，孩子的健康成长才是解决探视问题的根本目的。只要对孩子有利，离异双方甚至可以约定轮流抚养。

在孩子年幼时，由于其还不能形成正确、独立的意识，且基于维系亲子情感纽带的考虑，权利保障应侧重于保护探视权。但在孩子形成自主意志后（例如年龄满 8 周岁后），应侧重保护孩子的情感需求和内心感受。如果孩子不愿被探视，非抚养方不应继续强行探视，以免引发新的矛盾。

最后，应建立多元化长效执行机制。由人民法院牵头，联动民政部门、妇联、未成年人保护组织、街道居委会及其他社会公益性组织长效解决探视难问题。

探视权关系到父母子女三方的权利保障和利益平衡，兼具司法属性和社会属性。释法、惩戒等司法层面，由人民法院负责；释情说理、调解、斡旋等社会层面，可由民政部门、妇联、未成年人保护组织、街道居委会及其他社会公益性组织等介入和参与。

只有让探视权的执行变得更为柔性和理性，才能使之充分发挥维系亲情、化解矛盾的作用。

"纸上得来终觉浅，绝知此事要躬行。"我们不妨想象这样一个画面，让探视权展现得更加文明一些：

早晨，孩子正常吃完早餐，爸妈帮忙收拾好随身物品，然后送孩子到门口。门口不远处停着一辆小汽车，车旁一位精心打扮的男子正翘首以待。看见一家人出来，他挥手致意，同时准备接走孩子。

这不是"保镖"护送"少爷"上学的惊险之旅，而是亲爸定期到继父和亲妈那里接孩子一起过周末的温馨场景。

律师建议 ▶▶▶ ···

夫妻离婚，争议焦点无非两点：财产分配与孩子抚养问题。

然而，失去钱财还能再挣，子女的成长时光却是一去不返。人生百年，功名利禄终成空，最大的宽慰莫过于孩子对父母人格的认可与精神财富的传承。父母的恩怨不应强加给无辜的孩子，更不应该拿孩子当"工具"对付另一方。为人父母，若为一己私利伤害孩子，最终必定遗憾收场。

非抚养方探视孩子，既是权利，也是义务。相对应地，抚养一方也有协助探视的义务与保护孩子不受侵扰的权利。因此，双方在约定的框架内，善意履行彼此的权利和义务，是对双方的尊重，是对孩子的尊重，也是对法律的尊重。

愿这如空气般重要的探视权，不要如空气般被忽略！

（黄方德）

···

收养避坑千万条，
做好登记第一条

《诗经》有云："蓼蓼者莪，匪莪伊蒿。哀哀父母，生我劬劳。"从古至今，父母的含辛茹苦，不仅在于生育之恩，更在于养育之恩。

有血缘关系的父母子女属于自然血亲，自孩子出生时起依法享有相应的权利和义务；收养子女属于拟制血亲，是将不具有亲子血缘关系的人通过收养这一法律行为，赋予双方父母、子女的身份，相互间权利义务自收养关系成立时才依法取得。

或许是因为少了血缘关系为纽带，或许只是当事者自身心理作祟，实践中，养父母和养子女反目的例子比比皆是。养父母含辛茹苦养大孩子，某一天，孩子突然通知父母：我们的收养关系无效，我没有义务赡养你们，负责你们的生养死葬！这对养父母来说，是不是犹如一道晴天霹雳，令人天旋地转？

老孔就遇到了这种悲剧。老孔年轻时与王丽萍相识相恋，此时的王丽萍已经和前夫生育了两个孩子——孔兰和孔盛华。老孔与王丽萍在恋爱后不久就以夫妻名义共同生活，但一直没有办理结婚登记。其间，老孔和孔兰、孔盛华分别以父女、父子关系一起生活。2015年，老孔和王丽萍因为感情问题分居，但孔兰、孔盛华仍与老孔一起生活。

2018年2月，老孔被查出患有慢性非萎缩性胃窦炎、高血压，但是孔兰、孔盛华姐弟未曾关心探视，也没有在老孔经济困难的情况下给予支持。2018年7月，老孔向法院提起赡养纠纷诉讼，要求孔兰、孔盛华履行赡养义务，然而一审及二审法院均认为孔兰、孔盛华对老孔并没有法定赡养义务，无须支付赡养费。

在这个案件中，法院认为老孔和孔兰、孔盛华之间既不是继父母子女关系，也不存在有效的收养关系，因此孔兰、孔盛华无须赡养老孔。因为缺乏法律意识，老孔没有认识到他和王丽萍之间仅仅是同居关系，不是合法的夫妻关系，故他和孔兰、孔盛华之间不构成继父母子女关系；同时，老孔在与王丽萍、孔兰、孔盛华共同生活时，只有27周岁，不符合收养人的年龄条件，因此也无法形成收养关系。以上这一切，最终导致老孔老无所依，不禁令人唏嘘！

① 收养子女，对收养人的年龄有什么要求？

从老孔的例子可以看出：收养子女，收养人需要满足一定的年龄条件。根据《民法典》第一千零九十八条之规定，收养人要年满 30 周岁。

此外，有两种特殊情形需注意：

（1）无配偶者收养异性子女的，收养人与被收养人之间的年龄差需要在 40 周岁以上。有别于原《收养法》的规定，《民法典》的这一规定不再仅限制男性领养女性，同样地，女性领养男性也受此条件限制。

（2）经继子女的生父母同意，继父母收养继子女的，不受收养人需年满 30 周岁条件的限制。也就是说，老孔和孔兰、孔盛华在成立继父母、继子女关系的前提下，其在 27 周岁时，可以经王丽萍同意收养孔兰、孔盛华。

年龄符合要求了，收养关系就一定有效吗？那可未必！

2001 年 10 月，于丽与刘树林结婚，次年，于丽生下儿子刘洋。2005 年 1 月，于丽的妹妹未婚生育一女，考虑到妹妹还没结婚也不具备抚养孩子的能力，于丽和丈夫刘树林商量，由他们夫妻收养这个孩子，随即两人抱回孩子一直抚养在身边，并为孩子取名刘雯，户口登记簿上显示父母子女关系，但一直没有办理收养登记。

2018 年，刘树林被查出身患肝癌，治疗未愈去世。之后于丽、刘洋、刘雯与刘树林的父母因刘树林的遗产继承问题引发纠纷，诉至法院。法院认为，刘雯与于丽、刘树林之间的收养关系不符合收养人无子女的条件，且未办理收养登记，故收养关系无效，刘雯不享有继承刘树林遗产的权利。

② 除了年龄，收养子女还要满足哪些条件?

在刘雯的案例中，收养人还需要符合国家计划生育的政策。因为当时适用的是原《收养法》。该法规定收养人需符合无子女的条件，这与此前我国实行独生子女计划生育政策相吻合。而《民法典》结合当下全面放开二胎的政策，将这一条件放宽，即收养人需符合无子女或者只有一名子女的条件。当然，这一必备条件也是有例外情况的，稍后我们会在后文说明。

建立有效收养关系的养父母子女之间，依法适用《民法典》中有关父母子女关系的规定。因此，养子女有赡养养父母的义务，养父母有抚养教育养子女的权利和义务，他们互相有继承对方遗产的权利等。

再结合老孔案、刘雯案，相信很多人已经意识到，收养关系的成立与否，直接关系到收养人与被收养人是否互享权利和义务。然而真实生活中，收养关系被否定效力的例子，多得让人触目惊心！

父母养育子女，倾注在孩子身上的心血，子女能回报的往往不及万一。无论是基于对子女的爱，还是对垂垂老矣尚有子女依靠的心安，否定收养行为的法律效力，必然是违背收养人初衷的。从社会关系层面来看，形成事实抚养关系后，必然会辐射出一系列的社会关系，促成收养关系的成立，也有利于保障被收养人的利益，保持其家庭、学校及所处的具体社会关系稳定。

既然如此，我们有必要了解收养孩子时需要具备的条件。如果你有收养孩子的想法，不妨先比照如下条件，看自己是否有收养孩子的资格。

（1）收养人没有子女或者只有一名子女。

这一条件我们通过刘雯案已有所知。不过，这个条件也有例外。

①收养孤儿、残疾未成年人、儿童福利机构抚养的找不到生父母的未成年人；

②华侨收养三代以内旁系同辈血亲的子女；

③继父母收养继子女。

以上三种例外情形，可以不受收养人无子女或者只有一名子女的条件限制。

（2）收养人具备抚养教育和保护被收养人的能力，这能保障收养人给予孩子良好的生活和教育，保护未成年人健康成长。

（3）收养人没有法律限定的传染病、精神疾病等不应当收养子女的疾病。这是为了保障未成年人能够健康快乐地成长。

（4）收养人无不利于被收养人健康成长的违法犯罪记录，譬如有家暴、虐待、遗弃家庭成员记录的。

（5）收养人需年满30周岁。

如果以上条件你都符合，那么恭喜你，你可以将你的想法付诸实践了。

③ 可以通过哪些渠道收养孩子?

（1）儿童福利机构。这里是指民政部门设立的，主要收留抚养由民政部门担任监护人的未满 18 周岁儿童的机构。

（2）孤儿的监护人。孤儿是指父母双亡的未成年人。在收养孤儿时，需要征得有抚养义务的人同意。譬如张伟的父母双亡，由哥哥张明担任监护人，因为家境困难，张明想将张伟送养，此时他应当征得对张明负有扶养义务的爷爷奶奶的同意。

（3）被收养人的生父母。首先我们要了解，不是所有父母都可以将自己的孩子送养的，这里允许送养的只限于有特殊困难、无力抚养子女的生父母。究竟什么情况算有特殊困难无力抚养，法律没有作出明确规定，有待相关司法解释作出进一步明确或者由法官在司法实践中具体把握。需要特别注意的是，对于因特殊困难无力抚养子女而将子女送养的，送养子女需要获得生父母双方的同意。只有生父母一方不明或者查找不到的，才可以单方送养。

④ 收养子女需要办理什么手续？

了解了收养孩子需要具备的条件，以及收养孩子的正规渠道，并不意味着你的收养就能有效成立。

无论是前文提及的老孔案还是刘雯案，他们都欠缺收养所需具备的程序性要件，即根据《民法典》第一千一百零五条规定的，收养应当向县级以上人民政府民政部门登记，收养关系自登记之日起成立。千万不要小看收养登记问题，实践中有相当比例的收养案就是因为缺乏登记手续而被认定收养关系不成立，进而无法要求"养子女"履行抚养、赡养义务的；而"养父母"过世后，"养子女"因为遗产问题被叔伯姑母等亲戚赶出家门的也比比皆是。

办理合法的收养登记手续后，收养关系就合法成立了。不过这里还有一个延伸问题，一旦养父母离婚，关于养子女的抚养问题往往也成了矛盾中心。

大雷和梅梅结婚后，因梅梅不能生育，2016 年两人协商后通过儿童福利院领养了一名女孩，取名涵涵，并在当地民政部门办理了收养登记。2019 年 8 月，因夫妻感情不和，大雷向法院起诉要求和梅梅离婚。在女儿涵涵的抚养问题上，两人产生了分歧。大雷认为女儿是梅梅一定要领养的，离婚后应该归梅梅抚养，抚养费也应当由梅梅自行承担。梅梅则认为女儿是两人婚内共同领养的，离婚后她可以自己抚养女儿，但大雷需要支付抚养费。

存在大雷这种想法的人不在少数，那么大雷的说法能得到法院支持吗？

其实，本文开篇已经说明了收养行为的法律效果，即收养关系成立时，收养人与被收养人依法取得父母子女的身份，互相享有父母子女间的权利和义务，这一关系并不因养父母离婚而解除。因此，在大雷与梅梅的离婚案件中，若是养女涵涵由梅梅抚养，作为养父的大雷有支付抚养费的义务。

大雷剑走偏锋，有了新的想法。他询问律师，可否要求解除与涵涵的收养关系呢？这样就不用支付抚养费了。

根据《民法典》第一千一百一十四条的规定，收养人在被收养人成年以前，不得解除收养关系，但是收养人、送养人双方协议解除的除外。养子女八周岁以上的，应当征得本人同意。

从这一规定可知，大雷除非能和送养人即儿童福利院协商一致，否则不能单方面解除与涵涵的收养关系。

律师建议 ▶▶▶ ···

　　原《收养法》颁布前，中国传统中有过继、寄养、收养子女的习俗。在老百姓朴素的观念里，在建立收养关系时，不需要审查是否符合法律规定的条件，只要各方当事人都认可，就是有效的。当事人也没有意识到要办理登记等法定程序，往往各方签字画押了事。然而，糊里糊涂地缔结之后，等待你的可能是残酷的现实。"养子女"成年后拒绝赡养"养父母"的有之，"养父母"中途将"养子女"退还生父母的亦有之。

　　养猫猫狗狗尚不可随意遗弃，养育子女更不是儿戏。作为成年人，在萌生收养子女想法之初，应注意审查合法收养的条件和登记手续，避免踩入雷区，这不仅能保护未成年人的利益，也能保障自身的权益。

（程金霞、王加玺）

···

继承篇

兜兜转转，谁才是
我真正的家人

　　提到亲情，有人有爱，有人有恨。在热播剧《都挺好》的结局中，纵使一家人之前斗争激烈，到最后也都和解了。从小到大一直与明玉针锋相对的苏明成终于真正地长大成熟了，给苏明玉留下了一笔钱，还真诚地道了歉。作天作地的苏大强患了老年痴呆症，几乎忘了所有，却还记得要攒钱给"快要中考的"苏明玉买一本习题册。亲情，是人一生都无法割舍的爱，有时候也是人一生都难以解开的题。

　　每到除夕前两个月，"抢票"就成了社交中最热门的话题之一。因为抢不到票，在售票处急得跺脚的，在电脑前气得摔鼠标的，都成了抖音里搞笑又让人心酸的段子。无论平时再怎么忙，对大多数中国人来说，"除夕"依然是意义非凡的一天。为了能在这天阖家团圆，离家外出的人都会放下手中的一切，想方设法赶回家吃顿年夜饭。中华大地上，每年都会出现一次"人类历史上规模最大的人口迁移"。有媒体报道，2020 年 1 月 10 日起的 40 天春运期间，全国旅客发送量约 30 亿人次。

我们说"过年回家""常回家看看"，那么究竟哪些人才是我们法律意义上的家人呢？

① 亲属包括哪些人？

家庭是社会的基本细胞，正确理解亲属、近亲属和家庭成员的法律含义，对于厘清家人之间的权利义务关系具有至关重要的作用。

电视剧《武林外传》中，捕快燕小六有句经典台词："帮我照顾好我七舅姥爷和他三外甥女！"那么，七舅姥爷和他三外甥女究竟是谁？哪些人才是《民法典》承认的亲属呢？

《民法典》婚姻家庭编第一千零四十五条第一款规定："亲属包括配偶、血亲和姻亲。"这里提到了三类人，配偶、血亲和姻亲。

首先是配偶。配偶比较容易理解，就是现任的丈夫或者妻子。

强调配偶身份的原因是，配偶在法律上拥有较高地位，在部分情况下其权利甚至可以超过父母和子女。

小刚和小丽是大学同学，大学时期两人一见钟情开始谈恋爱，毕业后不久两人便步入了婚姻的殿堂，婚后育有一个可爱的女儿。小刚工作努力勤奋，事业做得风风火火，家庭幸福美满。但好景不长，小刚在一次驾车去应酬的路上发生严重车祸，成了植物人。按照法律规定，小刚已成为无民事行为能力人，需要确定监护人来对小刚的财产、人身和其他一切合法权益履行法律职责。

法律规定确定监护人是有先后顺序的，从高到低依次为：（1）配偶；（2）父母、子女；（3）其他近亲属；（4）其他愿意担任监护人的个人或者组织，但是须经被监护人住所地的居民委员会、村民委员会或者民政部门同意。由此可见，在没有法定不能担任监护人的情况下，配偶优先于父母、子女和其他近亲属。因此，小丽作为小刚的配偶，成为小刚的法定监护人，负责行使小刚的合法权益。

其次是血亲，血亲有直系血亲和旁系血亲之分。直系血亲是指父母与孩子、祖父母与孙子女、外祖父母与外孙子女之间的关系；旁系血亲是指同一父母的兄弟姐妹之间、堂兄弟姐妹之间、表兄弟姐妹之间、叔叔和侄女之间、舅舅和外甥之间的关系。

　　血亲还有另一种法律上的分类，即自然血亲和拟制血亲。自然血亲是指因为出生而自然形成的亲属关系，拟制血亲则是法律拟定的一种亲属关系，是指本来没有血缘关系或没有直接的血缘关系，但法律确定其地位与血亲相同的亲属，常见于收养关系及事实上形成了扶养关系的继父母与继子女、继兄弟姐妹。

　　最后是姻亲，姻亲是指因婚姻关系而形成的亲属。可以是配偶的血亲，如公公婆婆、岳父岳母，也可以是血亲的配偶，如兄嫂、弟妹，还可以是配偶血亲的配偶，如连襟、妯娌。

　　我们在正月里走亲访友，和亲戚们坐在一起吃大餐，能够被上面的关系所覆盖的，都属于《民法典》第一千零四十五条第一款规定的亲属范围。

　　《民法典》对血亲和姻亲仅做学术上的区分，而没有规定其具体的权利义务关系。

② 要多近的血缘才是近亲属呢？

　　虽然亲属非常多，但是近亲属的范围就被限缩得比较小。其原因在于，近亲属能享受到更多权利，也需要承担更多义务。

《民法典》第一千零四十五条第二款规定："配偶、父母、子女、兄弟姐妹、祖父母、外祖父母、孙子女、外孙子女为近亲属。"

小强从小喜欢研究石头，后来考入一所知名大学，专门研究地质相关内容。在校期间，小强结识了同校的小美，两人一见钟情，意趣相投，很快成为情侣。国庆期间，小强带着小美一起去森林公园游玩，途经一处溪涧时，小强发现此处的地质较为奇特，便停下来观察研究，不料踩到溪边的青苔，整个人失去平衡，一头栽进了溪中受了重伤。小美立马拨打120急救电话将小强送往附近的医院治疗。医生经诊断，认为情况特殊需要立即实施手术，但是手术存在风险，需要获得患者近亲属的明确同意。小美惊魂甫定，同意马上实施手术，但是医生却告知她，女朋友不属于近亲属，同意无效，需要获得小强父母、兄弟姐妹或者祖父母、外祖父母同意才行。小美不知道小强家人的电话，急得哭了起来。

医生这么说是有法律依据的。一般情况下，医务人员在诊疗活动中应当向患者说明病情和医疗措施；不能或者不宜向患者说明的，应当向患者的近亲属说明，并取得其明确同意。当然，在紧急情况下医院方面还是有权利优先治病救人的，只是这一规定明确彰显了近亲属在诊疗活动中的地位和作用。在以上案例中，医生根据《民法典》第一千二百二十条的规定"因抢救生命垂危的患者等紧急情况，不能取得患者或者其近亲属意见的，经医疗机构负责人或者授权的负责人批准，可以立即实施相应的医疗措施"，对小强进行手术。在分秒必争的抢救环节，如果有近亲属直接同意，无疑可以从死神手里抢回更多的时间。

除此之外，近亲属身份还可以享有其他权利，如被侵权人死亡时，其近亲属有权请求侵权人承担侵权责任。这是《民法典》对请求权主体严格限制的表现，也是对死者人格权保护的表现。又如，受赠人严重侵害赠与人或者赠与人近亲属的合法权益时，赠与人可以撤销赠与；再如，出租人出卖租赁房屋的，承租人享有以同等条件优先购买的权利，但是出租人将房屋出卖给近亲属的除外。这是《民法典》突破承租人优先购买权的实践，用以照顾近亲属与出租人之间更为亲密关系的表现。

老赵是一个汽车检验员，平日里没什么其他爱好，就喜欢写写毛笔字。年轻的时候，老赵因为书法结识了很多好朋友，有几位至今还在联系，逢年过节还会互赠字画。在一次车间巡视的时候，车间机械臂突然发生故障侧倾，压倒了老赵，救护车赶来的时候，老赵已经奄奄一息。老赵就这样走了，也没有留下遗嘱。家人们听闻这个消息后悲痛欲绝，泣不成声。几日后，老赵的妻子整理丈夫的遗物，惊讶地发现老赵留在书房内的多幅字画竟然都出自名家之手，一打听才知道，原来老赵年轻时的几位朋友现在都是书法大家了！亲戚们知道了这个消息后，都纷纷吵着闹着要继承遗产，妻子想着尸骨未寒的老赵，又看着这些红了眼的亲戚，毫无办法。

事实上，七大姑八大姨们对于老赵的财产没有继承权。法律规定，在法定继承的情况下，继承开始后，由第一顺序继承人继承，第二顺序继承人不继承；没有第一顺序继承人继承的，由第二顺序继承人继承。

那么谁是第一顺位继承人呢？法律规定第一顺位的继承人是配偶、子女、父母；当第一顺位的继承人都不存在时，才由第二顺位的兄弟姐妹、祖父母、外祖父母来继承。

在老赵的案例中，老赵离开后，他留下的财产要先剥离出属于与妻子共同财产的部分，剩下的才是可以被继承的遗产。因为老赵的父母都还健在，还有一个女儿，因此在剩余财产中，老赵的妻子、女儿和父母每人可以分得四分之一的份额。

最后再提一下，同一顺位的继承人之间并没有先后顺序，比如配偶、父母和子女都是第一顺位继承人，他们平等地享有继承权，平均地继承遗产份额，而不是配偶优先于父母、子女独享所有继承份额。

所以我们发现，除了孙子女和外孙子女之外的所有近亲属，都是享有法定继承权的，只是顺位不同。不过，孙子女和外孙子女可以通过祖父母、外祖父母遗赠的方式获得遗产份额；除此之外，在特殊情况下孙子女和外孙子女还可以代位继承方式继承遗产。

③ 家庭成员又包括哪些人呢？

"天下之本在国，国之本在家。"家人永远是我们最亲密和最关切的存在。

《民法典》第一千零四十五条第三款明确表示："配偶、父母、子女和其他共同生活的近亲属为家庭成员。"在这里，"家庭成员"首次作为法律概念被明确定义，对于明晰彼此的法律责任具有实际意义。

小丁和小姚结婚五年有余，有一个机灵的孩子小小丁。结婚前，小丁的父母把家中原有的一套商品房出售后，在城里置换了一套稍大一点的房子给小丁作婚房。婚后，小丁的父母和小丁、小姚还有小小丁都生活在城里的这套房子里。

这里我们可以做一个分析题，根据《民法典》第一千零四十五条第二款和第三款的规定，小姚的家庭成员只有老公小丁（配偶）、孩子小小丁（子女），同住的公公婆婆（不属于其他共同生活的近亲属）不是小姚法律意义上的家庭成员；但从小丁的角度出发，小丁本人和小姚（配偶）、小小丁（子女）及小丁的父母（父母）都属于家庭成员关系。

律师建议 ▶▶▶ ....

血浓于水，亲人是我们永远的依靠。我们在外努力拼搏，挥洒汗水；年关将至，我们又背上行囊，跋山涉水回到家乡和亲人团聚。究竟是怎么样的远方值得我们如此风雨兼程？或许正是因为任谁也割不断的亲情羁绊吧。

法律不是冷酷铁面的生杀令，人情亦不会是徇私枉法的通行证。儒家文化中有"亲亲尊尊"一说，很是契合当下《民法典》中界定区分亲属、近亲属和家庭成员的立法精神。"亲亲"是基于家庭内部的亲属关系，但也存在差别，兄弟、父子、夫妇、姑姨、舅侄的亲亲关系皆不一视同仁，所谓"爱有差等"。"亲亲"其实是一个由近及远的过程，反映在《民法典》中，亲属、近亲属、家庭成员之间的权利义务均不相同，所承担的法律责任也不同。

（吴晓洁、林柯）

让空巢老人安享
晚年的"神仙操作"

老魏早年丧妻，辛辛苦苦把三个儿子拉扯大。三个儿子也很争气，读书时都是学霸。成年后，大儿子成了北京一家上市公司的高管，另外两个儿子都在国外发展，各个事业有成，每月都准时给老魏汇来一大笔生活费。老魏孤身一人，不愁吃穿，日子倒也过得逍遥。但是年纪大了，老魏得了老年痴呆症，不仅四处惹祸，还经常"离家出走"。但三个儿子出于事业和家庭的原因，宁可不断地增加生活费，并给老魏买房雇保姆，也不愿意回来照顾父亲。老魏气得骂三个儿子把他当存钱罐，知道他老了花不了多少钱，自己只是帮他们存着，等死了，这些钱和房子还不是又原封不动地归还给三个儿子！儿子们一直没回来，老魏的病情越来越严重，在一天晚上，老魏趁保姆不注意跑出去，最后被人发现时，已经溺毙在一条小渠里。这是《有一种老人，叫城市空巢"存钱罐"》中讲述的一个令人深思的故事，真实地反映了当前我国社会养老问题的严峻性。

三个儿子都是人中龙凤，老魏的下场却令人唏嘘。随着社会的发展，越来越多的年轻人远离家乡，当起了"打工人"，于是，空巢老人这个群体也日渐庞大。在社会条件还不足以运行新型养老模式的当前，空巢老人如何安享晚年，成为全社会急需关注的问题。

张大爷退休前在某政府单位任职，并按照当时的政策分得房改房一套，张大爷的妻子离世多年，只剩下一个女儿小芳远嫁异地。近些年，张大爷身体健康状况不容乐观，遂找了保姆李阿姨照顾自己的生活起居，在李阿姨的悉心照料下，张大爷的身体慢慢好起来。张大爷心想，如果李阿姨能一直照顾自己直到去世，哪怕把所有的遗产都留给李阿姨也是值得的。于是张大爷向人打听，如何在法律上既能保障自己的生前生活不受影响，又能在死后安全地把遗产留给李阿姨。

可能有人会说，张大爷立个遗嘱，把自己的财产留给李阿姨，不就行了吗？如果张大爷按此订立了遗嘱，那么问题也来了，要是李阿姨拿到遗嘱后就翻脸不认人了，虽说张大爷可以再修改遗嘱，但这确实有违张大爷的初衷。在咨询了律师后，律师给了张大爷一个可行的建议，即让张大爷和李阿姨签订一份《遗赠扶养协议》。这份协议究竟是如何达成张大爷心愿的呢？在回答之前，我们需要了解几个相关问题。

① 《遗赠扶养协议》是一份什么样的协议？

原《继承法》第三十一条规定："公民可以与扶养人签订遗赠扶养协议。按照协议，扶养人承担该公民生养死葬的义务，享有受遗赠的权利。公民可以与集体所有制组织签订遗赠扶养协议。按照协议，集体所有制组织承担该公民生养死葬的义务，享有受遗赠的权利。"

《民法典》第一千一百五十八条规定："自然人可以与继承人以外的组织或者个人签订遗赠扶养协议。按照协议，该组织或者个人承担该自然人生养死葬的义务，享有受遗赠的权利。"

从上述表述可以看出，遗赠扶养协议，顾名思义，是受扶养人和扶养人之间订立的关于扶养人承担受扶养人的生养死葬义务，受扶养人将自己所有的财产遗赠给扶养人的协议。根据签订主体的不同，可分为两种：一种是自然人和继承人以外的组织签订的协议，根据《民法典》的规定，这里的组织将不再局限于"集体所有制组织"，还包括社会养老机构、民间救助机构等在内的组织；另一种是自然人和继承人以外的个人签订的遗赠扶养协议，这纯粹是自然人之间的协议。

这样一来，张大爷完全可以以遗赠人的名义与李阿姨签订一份《遗赠扶养协议》，约定李阿姨作为扶养人对遗赠人张大爷负生养死葬的义务，张大爷将其财产按约定在死亡后转移给扶养人李阿姨所有。这样既能保证张大爷安度晚年，又能让李阿姨的付出有所得。于是张大爷在律师的协助下，与李阿姨签订了《遗赠扶养协议》。

② 《遗赠扶养协议》中可以约定法定继承人为扶养人吗？

假设张大爷有两个女儿——大女儿小芳和小女儿小娟。小芳与小王结婚后，想将自己和小王的户口迁到张大爷的住所地。于是，张大爷作为遗赠人，与作为扶养人的小芳和小王签订了《遗赠扶养协议》，协议约定因张大爷无儿，小王自愿入赘张大爷家。为有利于小芳、小王更好地照顾张大爷，双方共同申请有关部门将小芳、小王及其子女全家户籍迁入并居住于张大爷处。由小芳、小王负责张大爷日常的衣、食、住、行、医疗、丧葬等并承担全部费用，直至张大爷去世为止，并且还约定张大爷将其包括房屋、存款等所有财产遗赠给小芳、小王，其他任何人均无权干涉。张大爷、小芳、小王均在该协议上签了名。小芳、小王按协议照顾张大爷直至去世。但张大爷去世后，小娟与小芳、小王因继承张大爷遗产的问题产生纠纷，小娟起诉到法院，法院最终认定此份《遗赠扶养协议》无效。这是为什么呢？

根据原《继承法》第三十一条第一款的规定，虽然对扶养人身份没有予以限制，但《遗赠扶养协议》中的"遗赠"理应与原《继承法》规定的其他遗赠具有同样的要求，即受遗赠人只能是法定继承人以外的人。

2021 年 1 月 1 日起施行的《民法典》第一千一百五十八条明确将扶养人的范围界定为"继承人以外的组织或个人"，法定继承人与被继承人之间具有法定的互相扶养和互相继承的权利义务关系，无须以协议的形式确定，而且父母对子女有抚养教育的义务，子女对父母有赡养扶助的义务，这是法律强制性规定，任何人不得违反。

小芳是张大爷的法定继承人，赡养张大爷是小芳的法定义务，不能以其受赠张大爷的财产作为赡养张大爷的对价，这违反了法律的强制性规定，因此该份协议是无效的。

③ 《遗赠扶养协议》签订后，扶养人不尽扶养义务怎么办？

再回到张大爷只有一个远嫁的女儿小芳的现实中。李阿姨与张大爷签订《遗赠扶养协议》后，本应认真履行对张大爷的扶养义务。但一签订协议，李阿姨以为自己大局在握，立马就翻脸了，她不认真履行扶养义务，宁愿去跳广场舞，也不给张大爷做饭，导致张大爷经常饿一顿饱一顿。张大爷哭着和小芳诉苦，得知此事，小芳大为光火。律师表示，作为张大爷遗赠人的近亲属，小芳或张大爷所在的居委会可向法院起诉扶养人李阿姨。起诉后，人民法院酌情对李阿姨受遗赠财产的数额给予限制。没想到，李阿姨变本加厉，动了歪心思，连哄带骗地以非法手段谋取张大爷的财产。对此，律师建议，小芳或者张大爷所在的居委会可以请求人民法院剥夺李阿姨的受遗赠权。

④ 《遗赠扶养协议》与《遗嘱》有冲突，怎么办？

我们来假设另一种情况。张大爷原本以为自己订了一个完美的养老计划，可是远嫁的小芳知道他与李阿姨签订了《遗赠扶养协议》之后，颇为不满，立即返回张大爷身边，亲自照顾张大爷的起居。在小芳的要求下，张大爷又立了一份《遗嘱》，将其名下的房产留给小芳。不久后，张大爷过世，小芳与李阿姨因为遗产问题闹到了法庭。李阿姨拿的是《遗赠扶养协议》，小芳拿的是后立的《遗嘱》，到底谁能顺利取得张大爷的房子呢？

这里拓展一下知识。在我国，遗产继承的方式分为如下四种。

（1）遗嘱继承，即被继承人在生前订立遗嘱，指定继承人继承自己的遗产。

（2）遗赠，即被继承人在生前订立遗嘱，将遗产赠与国家、集体，或者法定继承人以外的人。

（3）遗赠扶养协议，即被继承人与扶养人订立协议，由扶养人负担被继承人生养死葬的义务，被继承人的全部或部分财产在其死后转归扶养人所有。该方式主要出现在老人无人赡养的情况下。

（4）法定继承，即在上面三种情况都不存在的情况下，法律根据亲属关系的远近确定的顺序。

根据《民法典》第一千一百二十三条的规定："继承开始后，按照法定继承办理；有遗嘱的，按照遗嘱继承或者遗赠办理；有遗赠扶养协议的，按照协议办理。"这说明，从法律效力上来说，如果同时出现两种以上的继承情况，在这四种继承方式中，遗赠扶养协议的效力最高，其次是遗赠，再次是遗嘱继承，效力最低的是法定继承。因此，法院判决张大爷的房子归李阿姨所有。

⑤ **《遗赠扶养协议》在签订后能解除吗?**

《遗赠扶养协议》在本质上属于协议的一种,双方协商一致,当然可以解除。

如果张大爷在与李阿姨签订《遗赠扶养协议》后,又把协议中约定的房产卖给了老王,这就导致未来遗赠给李阿姨房产的目的不可能实现,李阿姨作为扶养人,请求法院解除协议,法院应当予以解除。相反,如果李阿姨照顾了张大爷一段时间后,感觉压力太大,不想再继续照顾,为了摆脱负担而提出解除协议,如果张大爷同意,协议自然可以解除,但如果张大爷坚决不同意,情况就变得比较复杂了。如果诉诸法院,一般不准予解除协议的可能性比较大。但如果李阿姨要求解除协议的态度异常坚决,并拒不履行协议的话,事实上协议已经无法履行下去,李阿姨这种行为属于无正当理由不履行协议规定的义务导致协议解除。因此,她不能再享受遗赠的权利,而李阿姨为照顾张大爷已支付的扶养费用,法院一般也不会判决张大爷对其予以补偿。

律师建议 ▶▶▶ ···

"你养我小,我养你老;你陪我长大,我陪你变老。"这句文艺的话语背后，蕴含着朴素的道德、法律义务，抚育幼小、赡养老人是生而为人的根本责任，我们每个人都应该去认真践行。当我们在关注城市发展、社会变革时，也不应忘了在城乡各处静静守候我们回家的父母。他们不怎么会用微信，却总是守着手机等待子女的问候；他们不知道现在流行什么，却努力寻找话题给子女发信息；他们也许不缺钱，但是因为缺少陪伴，导致精神空虚，特别是那些失独、孤寡老人，有了病痛也很难照顾好自己。在现实困难难以克服的情况下，找一个值得信任托付的人，及早安排好自己的身前身后事，采用遗赠扶养的方式，有时不失为一个可行之选。《民法典》施行后，失独老人、孤寡老人与关系亲近的朋友、集体所有制组织、社会养老机构、民间救助机构等在内的组织均可签订《遗赠扶养协议》。

（徐灿飞）

用意定监护立个 flag：
我的人生我做主

《百年孤独》中说："安度晚年的秘诀不是别的，而是跟孤独签订体面的协议。"光跟孤独和解就够了吗？漫漫晚年路，你永远不知道意外和明天哪个先来。

老汪打了一辈子光棍，每天喝完早茶后，雷打不动地去买一张彩票，日子倒也过得逍遥。去年秋天，他买彩票意外中了 200 万元。回家路上，老汪因激动过度晕倒在路边。路人把他送到医院后，医生让家属签署医疗方案同意书，但老汪没有亲人，怎么办？一辈子只中这一次彩票，要是人没了，钱没花掉，岂不可悲？

许多父母都知道，子女成年之前，自己是他们的监护人，要替孩子做主，履行监护职责。但是许多成年人却没想到，在特殊情况下，他们也需要一位监护人，在这种关键时刻为自己做主。

比如昏迷状态中的老汪，失去意识后，便不能自主决策、安排事务。通常情况下，成年人在失能失智时，依法由配偶、子女、父母等担任其法定监护人。

但是也有老人一辈子没有结婚，膝下没有子女，没有人为他们签字确认，怎么办？

我们接着来看老汪的情况。所幸，医生在老汪手机背面看到一个联系电话，电话号码前面赫然写着"监护人：老马"几个字。医生立刻与老马取得联系，没过多久，老马带着《意定监护公证书》赶到医院，在医院核验确认公证书后，老马有条不紊地为老汪预交医疗费，签署医疗方案同意书，并办理住院手续。几天后，老汪出院了。领取百万元大奖的他，一时间成了远近闻名的钻石王老五。

大家一定好奇，老马与老汪到底什么关系？为什么老马有权签署医疗方案同意书呢？

仔细一打听，原来老马是老汪的老邻居，两人打小就是铁哥们。多年前，老汪按一位律师朋友的建议，在公证处办理了"意定监护公证书"，请老马这位他最信赖的老邻居、老朋友担任意定监护人。

① 意定监护与法定监护有什么区别？它与遗嘱一样吗？

意定监护，是指具有完全民事行为能力的成年人在自己意识清醒时，与近亲属、其他愿意担任监护人的个人或者组织事先协商，以书面形式确定其担任自己的监护人，在自己丧失或者部分丧失民事行为能力时，由该监护人履行监护职责。

意定监护与法定监护最大的区别在于，意定监护人是在被监护人丧失或部分丧失行为能力前，按照自己的意愿预先选定的；而法定监护人是在被监护人丧失或部分丧失行为能力后，由有监护能力的配偶、父母、子女、其他近亲属、其他愿意担任监护人的个人或组织，按照法定顺序、程序来担任监护人，履行监护职责，即不是由被监护人自己预先选定的。

意定监护优先于法定监护，它能够排除伴侣、父母、子女等的法定监护权。预先确定意定监护人，可以避免几位法定监护人在关键时刻为己见、为私利争吵不休，延误时机，甚至侵害被监护人的合法权益。

老汪的朋友老刘之前中风过一次，在治疗期间，子女不孝不曾探望，后期医院要老刘付医药费，老刘口齿不清也不方便取钱，老刘虽然克服困难把病治好了，但也寒心了。最终，老刘像老汪一样，为自己找了一个意定监护人。

《老年人权益保障法》率先提出"意定监护"，但其适用人群只限老年人。而《民法典》把意定监护的适用人群进一步扩大到了"具有完全民事行为能力的成年人"，通俗来说就是身体康健、头脑清楚的成年人都可以预先选定意定监护人。

是不是每一个成年人都可以选择自己的意定监护人呢？

是的。任何一位没有失能失智的成年人都可以选择自己信任的人担任监护人。但是，"可以"并不代表"必须"。假如，你的家庭中，双亲耳聪目明，妻贤子孝，全家和睦融洽，彼此都能悉心照顾对方，或许你就不太需要办理意定监护。

有人很自豪地说，我立遗嘱了，用不着意定监护！

恭喜你，思想很进步，有立遗嘱的法律意识。但我们不得不再泼一盆冷水，遗嘱通常是解决立遗嘱人去世之后的事的，是立遗嘱人在生前对遗物、遗产的继承进行安排，而意定监护规划和安排的是去世前的事。

还有人会不屑地说，我就是不需要！

怎么说呢？"真香"定律了解一下。也许你真的不需要，也许你只是还没有发现自己需要。

② 意定监护可以帮到哪些人？

意定监护规定出台，契合了不同人群的监护需求，他们纷纷设立意定监护，作为自己失能失智时的保障。目前来看，意定监护最受以下几类人欢迎。

（1）老年人

有数据表明，2019 年末，中国 65 岁及以上老年人口达 1.76 亿人，占总人口的 12.6%。另有数据预测，到 2050 年中国人口老龄化将达到最高峰，65 岁及以上老年人口占比将接近 30%。

在 12.6% 的比例中，有相当比例是像老汪这类的孤寡老人，抑或是独居老人、空巢老人、与子女失和的老人等，他们都会遇到生病谁来签字办住院手续、谁帮着办理养老院住院手续、谁去银行取款交费等一系列严峻问题。

虽然设立意定监护不一定能让老人过上幸福美满的晚年生活，但或许能让他们吃一颗定心丸，对过上安稳的晚年生活有所期待。有数据显示，目前到公证处办理意定监护的人中，80% 为老年人。

（2）同性伴侣

同性恋者小张和小刘相恋多年，两人都把对方视为终身伴侣。为躲避亲人、左邻右舍的白眼，两人离开了出生的城市，一起来到一个陌生的城市生活。虽然没有了亲人、邻里投来的嘲讽的目光，但异地生活也给他们带来了新的困扰。

由于我国不承认同性伴侣的法律地位，因此一方失能、失智时，另一方不能以监护人身份为对方当家做主、决策安排。法定监护权的缺失让他们的生活缺少了些许安全感。

意定监护规定的出台，在客观上解决了同性伴侣间监护权缺失的法律困境。有人质疑，这岂不是在法律上认可了同性婚姻合法化吗？

当然不是。虽然意定监护能让同性伴侣取得对方的监护权，成为对方的监护人，但监护关系中的监护权利与义务，绝不等同于夫妻间的权利和义务，意定监护协议更不等于结婚证，它们有着本质上的区别。比如，在被监护人去世时，意定监护人是没有继承权的。

（3）陷入感情危机、互不信任的夫妻

经常有离婚当事人说：要不是为了孩子，我早离了。

俗语说，夫妻本是同林鸟，大难临头各自飞。夫妻可谓是最亲密的陌生人，但相较于父母、子女的亲情关系，夫妻关系有时会脆弱得多。如果只是飞走了，也就算了！2020 年 7 月，杭州来某某失踪案震惊全网，公安机关经过 10 多天教科书式的侦查，公布的结果终归没有超出大众的意料，又是一起涉嫌杀害配偶案。

伴侣是你第一顺位的法定监护人，在你失能、失智时，你的命运就掌握在伴侣的手里。试想，在一段互不信任的婚姻中，当你听到一句"大郎，该吃药了"，你是欢喜还是担忧呢？

有新闻报道，一位妻子知道自己得了渐冻症后，觉得老公靠不住，果断地把第一顺位监护人换成自己的父母。

当然，意定监护的适用范围也并不限于上述人群。

③ **哪些人可担任意定监护人？**

根据《民法典》规定，可以担任意定监护人的范围很广，不限于具有血缘关系、婚姻关系的人，也可以是近亲属之外的其他人，譬如邻居、朋友、同事等。

如果，没有值得信任的亲朋好友怎么办？还能设立意定监护吗？

你也可以选择愿意担任监护人的组织。一些有志于从事养老产业和意定监护工作的组织开始进入意定监护领域。这些社会组织作为监护人，在专业、经验、人力方面，在一定程度上比个人更具优势。

举一个极端的例子，假如老汪的监护人老马突发意外，暂时无法履行监护职责，中风的老汪的生活或许就处于无人照料状态，那么老汪住所地的居（村）民委员会或者民政部门应当为被监护人安排必要的临时生活照料。

还有一种可能，如果老马先于老汪去世了，老汪就要根据意定监护协议或法律规定重新确定监护人。比如，如果有第二顺位的意定监护人，可以由他担任监护人；如果没有，就按照法律规定来确定监护人。

④ 监护人要做什么?

人生就是做选择题,它不会因为我们丧失或部分丧失行为能力而减少题量,相反可能还会多出几道题。

监护人的主要职责是:安排生活、医疗救治、监管财产、维护权利等,它的本质是代替或者协助被监护人做决定。

老汪的意定监护公证书中列举了老马的哪些监护职责呢?我们不妨一起来看看。

代为安排护理、就医、养老事宜,签订相关合同,支取各类费用;

代为签署术前同意书、特殊治疗同意书;

代为收取各种储蓄、经营、投资权益,处置资产;

代为处理债权债务事项,代为参加诉讼、仲裁;

代为办理死亡后遗体火化、支付费用、开具死亡证明、办理销户等。

必须要把所有监护事宜都交给一个监护人吗？不是的，你可以将全部的监护职责交给一个监护人，也可以将监护职责分解后交给不同的监护人。

意定监护人可以是无偿的，也可以是有偿的。双方可以在意定监护协议中予以明确约定。比如，在老汪的例子中，老马就是免费帮忙的。

⑤ 监护人违背自己意志或侵害自己权益时，怎么办？

意定监护在被监护人丧失或者部分丧失行为能力时生效，监护人开始履行监护职责。那么，监护人是不是可以完全替代被监护人做决定呢？也不尽然。

例如，老贾变成植物人已多年，这种情形下，自然只能由监护人替代他做决定、做安排。但是，监护人仍要尊重老贾变成植物人之前的真实意愿。

此外，在被监护人智力、精神健康状况允许的情形下，监护人要保障和协助被监护人做与其智力、精神健康状况相适应的事务，不能一味地替代被监护人做决定。对于被监护人有能力独立处理的事务，监护人也不能干涉。

在监护过程中，监护人还要按照最有利于被监护人的原则履行监护职责，除维护被监护人利益外，不得处分被监护人的财产。

有人会问，监护人侵害我的利益怎么办呢？在设立意定监护时，你可以指定监护监督人，让他帮你盯着点，制约监护人。监督人可以是个人，也可以是组织。比如，现在一些提供意定监护公证服务的公证处担任了监督人的角色。

如果你还没失能、失智时，就发现意定监护人不可信呢？你可以单方面解除意定监护协议，另选他人！

不过，人心隔肚皮，如果你错选了一个道貌岸然的伪君子，他在你失能、失智后才露出真面目怎么办？又或者他在利益的诱惑下变节了该怎么办呢？

如果真的发生了这种事，有关个人或组织——比如其他依法具有监护资格的人、居民委员会、村民委员会等，可以申请法院撤销他的监护资格，并依法指定其他监护人。同时，侵害你合法权益的人也要承担法律责任，如赔偿损失等。

律师建议 ▶▶▶ ···

　　针对很多人对晚年生活的担忧，《民法典》通过意定监护表现出了最大的善意。提前指定监护人，能使你在面临丧失行为能力的情况时，有信赖的人陪伴，保护你的权益。签订意定监护协议，是你未雨绸缪、不惧意外、无惧明天的底气。当然，选择一个可靠、有监护能力的人最关键。

　　此外，意定监护必须以书面协议约定，该协议不需要强制公证，但如果双方只是私下签订，存在政府机构、医疗机构等单位不认可的可能，这也可能导致延误时机，甚至导致被监护人的意愿落空。为了减少意定监护协议成立与否、有无效力的争议，我们建议办理意定监护协议公证。

（王加玺、程金霞）

···

笑容渐渐凝固，独生子女竟不能继承父母的全部遗产

　　长辈常常会对我们说："我们的房子、车子、钱，所有东西以后都是你的。"真的是这样吗？很多人不知道，独生子女也不一定能全额继承自己父母的遗产。

　　杭州的姑娘小丽就遇到了这样的问题。小丽是家里的独生女，父母先后过世，在杭州留下一套 127 平方米、市价大约 300 万元的房子，该房产登记在她父亲名下，小丽想将此套房过户到自己名下，却被房管局拒绝了。房管局说，仅凭这些东西没法给小丽办过户手续。小丽要么提供公证处出具的继承公证书，要么提供法院的判决书，他们才给办。小丽想，谁愿意没事打官司啊，就去了公证处。可公证处的人却让小丽把她爸妈的亲戚全部找到，带到公证处去才能办公证。"可我爸妈的亲戚全国各地都有，有的都出国了，我到哪去找他们？"小丽说到这里，简直要哭出来了。

可见，继承并不是一件简单的事儿。接下来我们就来聊聊有关继承的那些小知识。

① 爸爸的所有遗产都归儿子享有吗？

"爸妈的东西以后全是你的"，这句话听起来很温馨，但在法律上却有漏洞。如果父母没有立下有效遗嘱，即便是独生子女也很难高效继承父母全部的遗产。

《民法典》第一千一百二十七条规定："遗产按照下列顺序继承：（一）第一顺序：配偶、子女、父母；（二）第二顺序：兄弟姐妹、祖父母、外祖父母。"也就是说，逝者的配偶和父母享有和子女同等的继承权，逝者的一份遗产需要被掰开来进行分配。

简单地说，在独生子女家庭，如果爷爷、奶奶和妈妈都在，爸爸的遗产只有四分之一是给孩子的。如果爸爸想要把自己的财产全都留给孩子，最保险的办法就是订立有效遗嘱。在没有遗嘱的情况下，才会按照法定继承的方式进行继承。

此外，复杂的家庭关系还可能衍生出一个问题：如果丈夫去世了，儿媳孝敬公婆，把公婆当作亲生父母一样赡养，儿媳可以作为第一顺序的继承人吗？

答案是可以。

吴兰的丈夫因病早逝，吴兰辛苦拉扯大两个儿子张强和张军。后来，张强和张军分别娶妻成家。因吴兰年事已高，遂由两个儿子轮流赡养。但在此期间，大儿子张强因车祸身亡，留下了妻子王慧。张强死后，张军便不再按之前的约定赡养吴兰，在此情形下，王慧将婆婆吴兰接到自己家去住，像对待自己的亲生父母一样对待吴兰。两年后，吴兰因高血压突发脑溢血死亡，并留下遗产。王慧将张军作为被告诉至法院，要求将自己作为第一顺序继承人继承吴兰的遗产，法院判决王慧胜诉。

为什么王慧能胜诉？因为王慧吃苦耐劳、孝敬婆婆，为赡养婆婆付出了巨大努力。《民法典》第一千一百二十九条吸纳了原《继承法》第十二条的规定："丧偶儿媳对公婆，丧偶女婿对岳父母，尽了主要赡养义务的，作为第一顺序继承人。"

同时，《最高人民法院关于适用〈中华人民共和国民法典〉继承编的解释（一）》第十八条规定："丧偶儿媳对公婆、丧偶女婿对岳父母，无论其是否再婚，依照民法典第一千一百二十九条规定作为第一顺序继承人时，不影响其子女代位继承。"

② 侄子可以继承叔伯的遗产吗？

如果爸爸先于爷爷死亡了，孙子可以继承爷爷的遗产吗？答案是可以。原《继承法》规定，在法定继承中，被继承人子女先于被继承人死亡的，由被继承人子女的晚辈直系亲属代位继承。也就是说，爷爷遗产中本应属于爸爸的份额，可以由儿子来继承。

《民法典》第一千一百二十八条在此基础上又新设了代位继承的方式，即被继承人的兄弟姐妹先于被继承人死亡的，由被继承人的兄弟姐妹的子女代位继承（前提是第一顺序的法定继承人不存在）。这个规定使代位继承制度的适用范围从原来仅限于直系晚辈血亲扩大到旁系血亲，即侄子、侄女或可以代位继承伯伯、叔叔和姑姑的遗产，外甥、外甥女或可以代位继承姨、舅的遗产。

那么，什么情况下，侄子可以代位继承叔伯的遗产呢？例如，小明从小父母双亡，由伯伯带大，伯伯终身未娶，未生育子女，也没有其他亲人，两人相依为命。伯伯去世后，按照原《继承法》，小明作为旁系血亲是无法代位继承的，但根据《民法典》的规定，小明就能够代位继承伯伯的遗产。代位继承范围的扩大，可以让家族成员更好地掌握家族财产，同时也敦促家族成员之间互相关爱，互相帮助。

同时，《民法典》第一千一百二十八条也明确，代位继承人一般只能继承被代位继承人有权继承的遗产份额。

让我们再回过头来看看本文开头的小丽房产继承案，分析一下这套房子究竟应该怎么分。

当小丽父亲死亡时，有三个继承人，小丽母亲、小丽和小丽奶奶。因此，此时，这套房产的 1/2 属于小丽母亲，剩下的 1/2 属于小丽父亲的遗产。如果没有特殊情况，遗产部分应三人平分。于是，母亲在原有 1/2 的基础上再获 1/6，合计 2/6，小丽分得 1/6，奶奶分得 1/6。

此后，奶奶过世，奶奶的 1/6 由小丽父亲四兄弟姐妹继承，每人分得 1/24 的房产，因大伯早于父亲和奶奶过世，因此这1/24 房产由其三个儿子代位继承；同理，原本应分给小丽父亲的1/24 房产由小丽代位继承。

当小丽母亲过世时，小丽又获得了母亲的 2/3 房产。

因此，小丽共获得了 1/6+1/24+2/3=7/8 房产。也就是说，这套房子还有 1/8 的产权并不属于小丽。

③ 胎儿有继承的权利吗？

郑女士怀孕 6 个月时，丈夫李先生意外去世，未能留下遗嘱。郑女士虽然悲痛欲绝，但仍决定将孩子生下来。但郑女士在办理丈夫的遗产继承时，和李先生的母亲发生了争执。郑女士认为，丈夫的遗产应该分为四份，郑女士、李先生的父亲、李先生的母亲以及她肚子中未出世的胎儿各一份。但李先生的母亲认为胎儿无权继承，遗产应该分为三份。

究竟谁的说法是对的呢？

郑女士的说法是对的。

《民法典》第一千一百五十五条规定了胎儿的预留份，遗产分割时应当保留胎儿的继承份额。胎儿娩出时是死体的，保留的份额按照法定继承办理。因此，在分配郑先生的遗产时，应当为郑女士腹中的胎儿预留一份，倘若胎儿出生即为死体，则为胎儿预留的份额应当按照法定继承办理，即由郑女士、李先生的父亲及李先生的母亲进行法定继承。

同样，胎儿也拥有代位继承的权利。李先生先于其父亲死亡，若李先生的父亲在郑女士怀孕期间死亡，则胎儿有权代位继承。

另外，夫妻关系存续期间，如双方一致同意利用他人的精子进行人工授精并使女方受孕后，男方反悔，而女方坚持生出该子女的，不论该子女是否在夫妻关系存续期间出生，都应视为夫妻双方的婚生子女。

夫妻任何一方订立遗嘱，遗嘱中均应为胎儿保留必要的遗产份额，否则该部分遗嘱内容无效。

④ 非婚生子可以继承遗产吗？

大龙突然因车祸离世，当他的家人还沉浸在悲痛中时，小凤出现了，并带着确认其与大龙存在亲子关系的证明，来主张分割大龙的遗产。如果这份证明是真实的，可以确定小凤就是大龙生前与婚外异性的非婚生子。

前文我们已经提过，《民法典》第一千一百二十七条规定，第一顺序继承人为配偶、子女、父母，第二顺序继承人为兄弟姐妹、祖父母、外祖父母。《民法典》第一千一百二十七条还特别明确："本编所称子女，包括婚生子女、非婚生子女、养子女和有扶养关系的继子女。本编所称父母，包括生父母、养父母和有扶养关系的继父母。本编所称兄弟姐妹，包括同父母的兄弟姐妹、同父异母或者同母异父的兄弟姐妹、养兄弟姐妹、有扶养关系的继兄弟姐妹。"

因此，小凤不仅可以继承大龙的遗产，而且与大龙的婚生子小龙具有同等的继承人地位，享有同样的继承权利及份额。

⑤ 继承人可以放弃继承吗？

答案当然是肯定的，因为继承是一种权利，而权利是可以放弃的。

小肖的父亲老肖经营着上市公司，收入颇丰，加上长相英俊，颇受女生喜爱。老肖年轻时放荡不羁，四处留情，在小肖还未成年时就和妻子离婚，重组了家庭。小肖的母亲受不了这样的打击，没过几年就郁郁而终。目睹了妈妈的痛苦，小肖暗下决心，自己绝不会继承爸爸留下的任何一分钱，他要靠自己的能力闯出一片天地。小肖慢慢长大，和老肖的关系一直不好。后来老肖得了重病，将不久于人世，想到自己只有小肖这一个子女，老肖决定把名下的所有财产都留给小肖。小肖却和他的爷爷奶奶说，爸爸的遗产留给你们，我一分也不要，说完便带着悲壮的豪情头也不回地离开了家。

　　小肖的决心、勇气和担当固然可贵，但他的这种方式并不能构成法律意义上放弃继承的结果。根据原《继承法》第二十五条第一款规定，小肖是可以如他所愿，成全他的豪情壮志的。但依据《民法典》第一千一百二十四条第一款所规定的："继承开始后，继承人放弃继承的，应当在遗产处理前，以书面形式作出放弃继承的表示；没有表示的，视为接受继承。"也就是说，小肖放弃继承老肖的遗产必须用书面的形式作出，否则视为接受继承老肖的遗产。

　　《最高人民法院关于适用〈中华人民共和国民法典〉继承编的解释（一）》第三十四条、第三十五条分别对此做出了明确规定："在诉讼中，继承人向人民法院以口头方式表示放弃继承的，要制作笔录，由放弃继承的人签名。""继承人放弃继承的意思表示，应当在继承开始后、遗产分割前作出。遗产分割后表示放弃的不再是继承权，而是所有权。"

⑥ 遗产一定要均等分配吗？

　　在现实生活中，经常会出现这样的情况：父母卧病在床，老大家虽然穷，但仍尽心尽力照顾父母；老二家富得流油，但对二老完全不上心，不履行赡养义务。在这种情况下，若二老去世，老大可以要求多分遗产吗？

可以要求多分。在婆婆吴兰与大儿媳王慧的案例中，吴兰的小儿子张军对年事已高的母亲吴兰不闻不问，不让母亲住在自己家中，更不照顾母亲的生活起居。反倒是王慧，照顾婆婆凡事都亲力亲为，虽然自己生活也比较困难，但对待吴兰事事尽心。该情形，就可能出现遗产不平均分配的客观情况。

《民法典》第一千一百三十条吸纳了原《继承法》第十三条的规定："同一顺序继承人继承遗产的份额，一般应当均等。对生活有特殊困难又缺乏劳动能力的继承人，分配遗产时，应当予以照顾。对被继承人尽了主要扶养义务或者与被继承人共同生活的继承人，分配遗产时，可以多分。有扶养能力和有扶养条件的继承人，不尽扶养义务的，分配遗产时，应当不分或者少分。继承人协商同意的，也可以不均等。"

此法律条文出台的目的，就在于防止家庭中出现吴兰与王慧案中张军这样既想啃老又不想赡养的后代。在上述情况中，王慧就可以多分得遗产，而张军则应少分或不分。当然，赡养父母是我们应尽的义务，更是作为人最基本的要求，我们不应该为了继承遗产被迫去赡养父母，而应该永远怀着感恩的心，不求回报地善待父母。

律师建议 ▶▶▶ ⋯⋯⋯⋯⋯⋯⋯⋯⋯⋯⋯⋯⋯⋯⋯⋯⋯⋯⋯⋯⋯⋯⋯⋯⋯⋯⋯⋯⋯⋯

提前规划，可以让财富更好地为后代所用；提前规划，留给家人更多的是爱而不是麻烦。

世事无常，直面死亡，没有人能预测生死和意外，生前人通过遗嘱安排好身后事，既能按照自己的意愿分配自己毕生奋斗所得的财富，又能防范自己所留的财富引起周围亲人陷入利益的旋涡。

很多人觉得遗产、继承是身后事，提前考虑不吉利；但现实是，法院中涉及遗产或继承的纠纷层出不穷。

作为专业律师，我们认为转变观念、提前规划才是吉利，毕竟我们的财产都不是大风刮来的，它凝结了汗水和泪水，值得被我们更用心地对待。

（张玲燕）

⋯⋯

满级游戏账户归谁继承，
你是否有很多问号

很多年前，网络上出现了一个问题：我死后，我的 QQ 账号怎么办？

在当时，这个问题多少带着些调侃和玩笑的意味。可随着数字化时代的到来，一切终将被重新定义。

英国心理学家伊莱恩·卡斯凯特一直关注互联网时代关于死亡的法律与伦理，并出版了《网上遗产：被数字时代重新定义的死亡、记忆与爱》一书，探讨全人类共同面临的难题——人在死亡后，如何处理自己的数字遗产，即社交账号、游戏账号、虚拟货币等数字信息？

具体到我们的生活中，在我们离世后，我们的微信号、

QQ、微博账号、淘宝账号、抖音账号、"魔兽世界"账号、"王者荣耀"账号、游戏皮肤、比特币等虚拟财产，能让我们的子孙继承吗？

　　小强生前是一位淘宝店的老板，经过多年苦心经营，他的淘宝店升级为五皇冠店铺，靠着打拼精神，小强婚前在城市里全款买了一套 200 平方米的房子，银行账户里还有 500 万元的存款。

　　小强不仅是个精明的店主，还是"王者荣耀"游戏的资深玩家，达到王者段位，拥有众多"神级装备"。而且，因为小强很早就接触网络，他还有一个骨灰级五位数的 QQ 账号。

　　但是，由于淘宝店得时刻盯着，约等于"007"工作制，再加上小强是个资深游戏爱好者，闲下来就玩游戏到凌晨，休息时间长期严重不足。某天深夜，小强突发脑溢血离世，留下一堆财产和结发的妻子、刚成年的儿子、年迈的父母。

① 小强的数字遗产可以被继承吗？

　　原《继承法》第三条规定："遗产是公民死亡时遗留的个人合法财产，包括（一）公民的收入；（二）公民的房屋、储蓄和生活用品；（三）公民的林木、牲畜和家禽；（四）公民的文物、图书资料；（五）法律允许公民所有的生产资料；（六）公民的著作权、专利权中的财产权利；（七）公民的其他合法财产。"

而《民法典》删除了遗产范围列举加兜底条款的形式，遗产的范围更为广泛，其第一千一百二十二条规定："遗产是自然人死亡时遗留的个人合法财产。依照法律规定或者根据其性质不得继承的遗产，不得继承。"所谓法无禁止即自由，我们可以理解为，除了明确不能继承的，其他均可继承。

由此不难看出，不管是根据原《继承法》的规定，还是依据《民法典》，小强200平方米的房屋、500万元的存款无疑是他的遗产，可以被继承。而他的淘宝账号、"王者荣耀"账号、QQ账号这些网络虚拟财产，《民法典》关于遗产范围的概括式立法也将它们涵盖其中，同样可被继承。

② 小强遗留的网络虚拟财产如何被继承？

《民法典》不再列举遗产的种类、范围，方便把如今社会常见的、新型的财产类型，以及未来可能出现的财产类型，都尽可能地纳入遗产范围，体现了互联网的高速发展对人们的生活产生的立法上的影响。

虽然数字遗产在法律上获得了明确的认可，但是什么是数字遗产、实践中数字遗产该如何继承、数字遗产继承的障碍有哪些等问题仍亟待解决。对于数字遗产的概念，我国法律尚无明确规定，目前一般的理解是，人们的网络平台账号、密码、文字、声音、图片、影像、虚拟货币、游戏装备等都在数字遗产之列。那么是否在我们身体消亡之后，这些数字财产能被我们的继承人所继承呢？

具体到上述案例中，小强的继承人如果要继承他的游戏账号、QQ 账号，必须有个前提，就是小强生前有权利处分上述网络虚拟财产。也就是说，小强对这些账号拥有所有权，而不仅仅是使用权。

值得注意的是，当前阶段，大部分的网络平台协议中，明确约定用户本人对这些账号享有的仅仅是使用权，所有权属于网络服务提供者享有，那么这些账号将无法被继承，在用户死亡后，网络服务提供者可以选择关闭、删除、注销用户账号。

如果小强生前拥有的这些账号，在与互联网公司的协议中明确约定社交账号、游戏账号的所有权属于互联网公司，小强只是作为用户获得授权使用，那么小强的上述网络虚拟财产将不能作为遗产被继承，因此确定小强生前拥有的是这些账号的所有权还是使用权很重要。

律师提示 ▶▶▶ ···

　　数字遗产如何继承是全世界的难题，虽然《民法典》的出台，让我们看到了保护数字遗产的曙光，但是如何具体界定、操作数字遗产，仍然需要在立法、司法上做进一步研究和探讨。同时，数字遗产权利的实现需要网络服务商的协助，虚拟财产的拥有者们需提前确定清楚与网络服务商之间的合同约定。

（徐灿飞）

···

你们尽管这样立遗嘱，
要是能继承算我输

你看过红遍全网的"黑人抬棺"视频吗？这是一支专业抬棺团队：7个黑人小伙穿着西装打着领带，肩膀上扛着鎏金大棺材，整齐划一地跟着音乐节奏扭动身躯。这并非不尊重逝者，而是非洲加纳特有的喜丧习俗。他们认为死亡也是人生十分重要的事情，是新的开始。严肃的葬礼配上"魔鬼的步伐"，再加上嗨爆的电音，教我们学会释怀，生死看淡！

面对死亡这个话题，人们越来越从容了。最明显的表现就在于人们对于立遗嘱这件事不再讳莫如深。2020年10月，中国新闻网报道了广东的陈先生为继承已故父亲的7万元存款，耗时7个月循环证明"我爸是我爸"未果的新闻，这让人们意识到，按照法定继承，独生子女未必能够继承父母的所有遗产。为了摆脱这种困局，越来越多的父母选择订立遗嘱。

① 子女可以给父母做遗嘱见证人吗？

为了方便，很多人选择代书遗嘱、打印遗嘱、录音录像遗嘱。根据《民法典》的规定，这三类遗嘱应当有两个以上见证人在场见证。那么，子女可以给父母做遗嘱见证人吗？

老古和他的太太育有儿子小古和女儿小美，老夫妇俩在上海浦东有 3 套房屋——1 套 91 平方米的公寓、1 套 180 平方米的公寓、1 套 310 平方米的联排，都登记在老古夫妇双方名下。小古说服老古夫妇立下遗嘱，把 3 套房子都交由其继承。遗嘱内容打印好后，老古夫妇签字，小古与其司机作为见证人在遗嘱上签名，这是小古帮助父母立的代书遗嘱。

多年后，老古夫妇相继离世。小古拿着遗嘱去办理过户时，小美提出异议。小美起诉到法院后，法院查明，老古夫妇做遗嘱见证的两个人中，有一个人是小古，另一个人是小古名下公司的员工，由小古名下公司为其缴纳社会保险。

给老古夫妇做见证的两个人，一个是老古夫妇的儿子小古，另一个被法院认定和小古存在利害关系。根据《民法典》第一千一百四十条的规定，以下三类人不能做遗嘱见证人：（一）无民事行为能力人、限制民事行为能力人以及其他不具有见证能力的人；（二）继承人、受遗赠人；（三）与继承人、受遗赠人有利害关系的人。

在本案中，小古为继承人，小古名下公司的员工为与继承人有利害关系的人，均不能作为遗嘱见证人。因此，法院认定老古夫妻所立的代书遗嘱无效，3套房按照市值由小古和小美平均分配。

最后，小古选择联排，两套公寓由小美继承；但小古的联排市值远超两套公寓，小古还要把差额部分折价补给小美。

② 如何写好一份遗嘱？

遗嘱是人们对个人财产处分的预先安排。遗嘱有瑕疵或无效，必然违背了立遗嘱人的初衷。因此，我们需要了解，写好一份有效遗嘱应该注意哪些事项。

（1）要知道哪些财产是自己的，因为遗嘱处分的只能是自己的财产或财产份额。如果你在遗嘱中擅自对他人的财产进行安排，那么这样的遗嘱是无效或部分无效的。

（2）选择适合自己的遗嘱方式。根据《民法典》的规定，遗嘱包括自书遗嘱、代书遗嘱、打印遗嘱、录音录像遗嘱、公证遗嘱，以及遗嘱人在危急情况下立的口头遗嘱。如果你是土豪，想用财富更好地激励继承人，那你可以选择设立遗嘱信托。

（3）遗嘱的内容是遗嘱最重要的部分，那么遗嘱内容该怎么写呢？

以自书遗嘱为例：

①开门见山，在排头写下"遗嘱"二字。

②要交代自己身体健康状况、精神健康状况。比如"本人立遗嘱时精神健康，没有受到任何人胁迫，自愿立下遗嘱"。

③交代清楚自己与父母、配偶、子女的身份信息，即把家庭成员的关系交代清楚。

④财产清单：一是现金存款，包括银行卡、支付宝、微信的账号和密码；二是房产，写上有几套房产，房产证号及房屋权属登记情况，是否属于夫妻共同财产；三是股份，自己为某公司股东的话，要有股东身份证明书或者工商登记信息；四是股票，自己购买了某某上市公司的多少股票；五是土地承包经营权证；六是珍藏的古董、首饰、字画等。

⑤遗嘱安排。比如，将财产清单中第一项给继承人某某某，第二项给继承人某某某，第三项给继承人之外的某某某，以此类推。当然你也可以将全部遗产交由一个或其中几个继承人继承，这完全取决于你自己的意志。

⑥可以给继承人附义务。比如，要求继承人履行某项特定的义务，当然也可以没有附加义务，这同样取决于你的意志。

⑦在结尾部分一定要写上自书立遗嘱人某某某，捺手印，签上年月日。

重要提示：有条件的情况下，自书遗嘱的过程可以全程录音录像。

再延伸一点，要保证自书遗嘱的有效性，除了关注遗嘱内容，还要关注一些风险点。

①自书遗嘱宜采用手写形式。

自书遗嘱实际上是被继承人亲自书写的遗嘱。一份有效的自书遗嘱须符合以下条件：

遗嘱人立遗嘱时必须具有遗嘱能力，即遗嘱人应具有完全民事行为能力。

遗嘱必须是遗嘱人的真实意思表示，即遗嘱人在订立遗嘱时完全是出于自愿，按照自己的真实意图制作的，而并非受他人的欺骗或胁迫订立的。

遗嘱的内容必须合法，即遗嘱的内容不得与国家的法律法规相悖，处分的只能是遗嘱人的个人财产。

遗嘱人订立遗嘱时，必须对缺乏劳动能力又没有生活来源的继承人保留必要的遗产份额。否则，这份遗嘱将会被认定为部分无效。

有效的自书遗嘱除符合上述实质要件，即有遗嘱能力、有真实的意思表示、内容合法，保留无民事行为能力人的份额，形式上还必须由遗嘱人亲自书写、签名，同时必须注明年月日，实质要件与形式要件缺一不可，否则遗嘱无效。

现在越来越多的人习惯于用电脑来起草文件，因此也有很多人通过电脑打印遗嘱，然后在打印的遗嘱上签字。但原《继承法》规定的五种遗嘱形式中并没有打印遗嘱这一形式，因此有人质疑打印遗嘱的有效性。《民法典》出台后，在司法实践中是认可打印遗嘱的，但因为简单的签名容易模仿，在此真诚建议大家慎用电脑打印遗嘱，你可以在打印完之后再抄写一遍，以确保遗嘱的效力。

②夫妻双方应分别订立遗嘱。

有的夫妻两人只立一份遗嘱，由其中一人执笔，夫妻双方在遗嘱上签字。不执笔一方的遗嘱内容因不符合自书遗嘱必须亲笔书写的要求，也不符合代书遗嘱需要两个无利害关系的见证人在场见证的要求，司法实践中，就有可能被认定无效。因此，我们建议夫妻双方尽量分别订立遗嘱，如果确需夫妻双方订立共同遗嘱的，那么最好请两个无利害关系的见证人在场见证，以确保遗嘱的效力。

③自书遗嘱的保管。

为避免立遗嘱人因突发意外或因临终病痛折磨、健忘、恐惧等原因而忘记交代遗嘱事宜，导致其身后事无法按照自己的遗愿处理，在立好遗嘱之后最好找一个自己信赖的人保管并执行遗嘱。如果找不到人保管遗嘱，那么至少要告知可信赖的人遗嘱保管的地方，以便在继承发生时，遗嘱能够出现并得以执行。

③ 公证遗嘱效力最高吗？

老李的妻子去世多年，多年来，老李独自养育儿子李明和女儿李莉。老李名下有一套房子。从 2000 年起，李明和李莉为老李聘请保姆张阿姨照顾老李的日常生活。2015 年，老李去世，张阿姨拿出一份老李在 2008 年做的公证遗嘱。遗嘱内容是，老李名下的房子归张阿姨继承。

张阿姨心里很笃定，认为公证遗嘱效力最高，绝对没问题。李明和李莉在震惊之余表示愤怒，自己出钱请保姆照顾，老李的房子却要让一个没有血缘关系的保姆继承。于是，李明和李莉将张阿姨告上法庭。

经确认，公证遗嘱没问题，公证处非常规范，记录、凭证、原始材料都有，签字也确定是真实的。但万万没想到，这份公证遗嘱被法院认定无效。

原来，李明和李莉聘请了专业人士。他们调取了老李 2008 年在医院的病历，病历显示老李患有器质性的智能损害（老年痴呆症），只是情况可能不是特别严重，偶尔会发作。可能突然一下就神志不清了，没有意识、不会说话、写不了字，都有可能发生。于是，李明和李莉就拿这个病历去申请司法鉴定。

经司法鉴定，证明老李在 2008 年进行公证期间，确实患有这种疾病。这种疾病会直接影响一个人的智力判断。最终，法院认定老李在当时属于一种"限制民事行为能力"状态，依此判决这份公证遗嘱无效。

公证遗嘱是遗嘱人经公证机构办理的一种遗嘱形式。在老百姓的印象中，经过公证的遗嘱效力最高，的确如此吗？在《民法典》施行前，如果公证遗嘱不存在足以推翻的瑕疵情况，公证遗嘱效力确实是最高的。但是，在《民法典》施行后，答案是否定的。

《民法典》施行后，有多个遗嘱情况下，哪个遗嘱有效呢？

遗嘱人可以撤回、变更自己所立的遗嘱。立遗嘱后，遗嘱人实施与遗嘱内容相反的民事法律行为的，视为对遗嘱相关内容的撤回。立有数份遗嘱，内容相抵触的，以最后的遗嘱为准。注意，是以最后的遗嘱为准。由此可知，公证遗嘱在效力上并不具有优先性。

④ 手握公证遗嘱，一定能获得遗产吗？

李老爷子白手起家，攒下了一份家业。不过，李老爷子认为自己的几个子女都不长进，唯独孙子小李从小品学兼优，觉得将来唯有小李才能挑起家族的大梁，于是立下遗嘱，将其名下的存款、股票、基金、古董等金融市值近 1500 万元的资产留给小李，并做了公证。后老爷子过世，当时小李正在国外留学，待小李 9 个月后回国要求按照公证遗嘱继承财产时，被叔叔、姑姑们诉至法院。

法院审理认为，本案中"公证遗嘱"应属于遗赠，因此受遗赠人应当在知道受遗赠后 60 日内作出接受或者放弃受遗赠的表示，到期没有表示的，视为自动放弃受遗赠。

需要注意的是，接受遗赠的意思表示只能等被继承人死亡后才能做出，受遗赠人在被继承人还生存时表示接受遗赠的意思表示并不能视为接受遗赠，60 日的最早起点也应从被继承人死亡之日起算。

这是一个价值 1500 万元的教训，"1500 万元都叫不醒一个装睡的人"。现实中有太多的"小李"们，他们的认知误区导致他们错过了本可获得的遗产。

权利行使是有有效期的，如果你漠视它，那它将离开你！

律师建议 ►►► ···

　　家和万事兴。美剧《继承之战》讲述的是老爷子打拼一世，挣下富可敌国的财产，却引发了子女们的遗产争夺战的故事。

　　这不仅是戏剧情节，也具有现实意义。2020 年 5 月 26 日，"澳门赌王"何鸿燊逝世，享年 98 岁。其控制的资产达 5000 亿港币，个人财富有 700 亿港币。"赌王"逝世后，其巨额财产的分配问题一夜之间登上各大网页的话题榜首。除了家产多之外，其家庭内部关于家产的纷争也很多。"赌王"一生娶了 4 房太太，育有 17 个子女，摆上台面的家产纷争就有数次。但在 2011 年 3 月 10 日，何鸿燊发表声明表示，家族成员经协调及对话后已达成共识，与家人的纠纷已得到圆满解决，各成员已签订了家族和解协定，但协定的具体内容并未对外公布。无论以上协议如何约定，在其去世之后，其名下的财产又成了众妻子和子女争夺的对象。

　　现实中，多少家庭因祖辈财产继承纠纷，导致亲人反目、家族败落。

　　我们建议，千万不要有"我死之后，哪管他洪水滔天"的想法，为了后代的未来，应当合理规划身后事。

（甘海滨）

···

解锁"遗嘱信托"，一项
自带收益加成的新技能

下面这个案子，被称为我国"遗嘱信托第一案"。

1980 年，李四与李三结婚，婚后生下女儿李一。2006 年，李四婚内出轨，与钦某某生育女儿李二。2013 年李四与李三离婚；同年，李四与钦某某登记结婚。2015 年 8 月 11 日，李四因病过世。过世前，李四亲笔写下遗嘱，其中有关"财产处理"的内容如下：（1）在上海再购买三房两厅房产 1 套，该房购买价约 650 万元，只传承给下一代，永久不得出售（现有 3 套房产可出售，出售的所得并入李四家族基金会，不出售则收租金）。（2）对剩余的 350 万元资金、约 400 万元的房产出售款项和购买价 650 万的房产即总价值约 1400 万元的财产，成立"李四家族基金会"进行管理。

遗嘱中有关"财产法定使用"的内容如下：（1）钦某某、李二每月可领取生活费 10000 元整（现房租金 5000 元，再领现金 5000 元），所有的医疗费全部报销，买房之前的房租全额领取。（2）李二国内学费全报。每年钦某某及李四的亲兄妹李五、李六、李七各从基金领取管理费 10000 元。妻儿、三兄妹医疗费自费部分可报销一半（大病住院）。（3）以后如有补充，修改部分以日后日期为准。财产的管理由钦某某、李五、李六、李七共同负责。新购 650 万元的房产钦某某、李二、李一均有权居住，但不居住者不能向居住者收取租金。

李四去世后，李一和李二、钦某某产生遗嘱继承纠纷，打了一系列官司，其中涉及李四的遗嘱是否有效。由于双方的纠纷和我们要讲的遗嘱信托关联不大，在此不做赘述。我们仅针对李四的遗嘱部分展开分析。

法院认为，尽管李四所立遗嘱中部分文字表述不严谨、不规范，但将立遗嘱人在遗嘱中的财产安排定性为信托，符合该遗嘱的整体意思与实质内容。依据《信托法》的相关规定，结合李四设立信托之目的、形式、内容等，法院认定涉案遗嘱信托有效。

这是我国第一例确认遗嘱信托的效力、确认信托受托人为自然人的案件。

我国的遗嘱信托制度源于2001年10月1日实施的《信托法》，2021年1月1日起实施的《民法典》则首次明确，自然人可以设立遗嘱信托。由此，遗嘱信托正式成为法定继承、遗嘱继承、遗赠继承之外的遗产继承形式。遗嘱信托也开始为越来越多的家庭所运用。

① 什么是遗嘱信托？

谈到遗嘱，很多人会认为这是对自己死后财产的分配问题，甚至还有人认为活着就要立遗嘱是一件很不吉利的事。而谈到信托，人们对此的认识更是少之又少。在大多数人的观念里，要把自己的全部财产乃至全部身家托付出去，除非是基于血缘关系，或者是出于绝对的信任，否则完全没有需要信托的必要，直接约定财产处分协议就够了。

因此在生活中，这类基于信任才托付的事情几乎很少被人关注。不过，在传统理念和新的观念冲击下，遗嘱信托制度的普及和认识变得尤为重要。

遗嘱信托是通过遗嘱这种法律行为而设立的信托，也叫死后信托。当委托人以立遗嘱的方式把财产交付信托时，就是所谓的遗嘱信托，也就是委托人预先以立遗嘱方式，将财产的规划内容

（包括交付信托后遗产的管理、分配、运用及给付等）详订于遗嘱中。等到遗嘱生效时，再将信托财产转移给受托人，由受托人依据信托的内容即委托人遗嘱所交办的事项，管理处分信托财产。与金钱、不动产或有价证券等个人信托业务比较，遗嘱信托最大的不同点在于，遗嘱信托是在委托人死亡后契约才会生效。

遗嘱信托有效地结合了遗嘱和信托这两种传承工具的功能，是立遗嘱人高度行使自由分配权的一种法定遗产分配形式，能最大化地实现自我财产分配且不受他人的干涉。

② 与传统遗嘱相比，遗嘱信托的优势是什么？

遗嘱信托并非由委托人直接指定分配遗产给其法定继承人，而是以信托的形式，将其遗产指定给受托人（该受托人可以是自然人，也可以是法人），由受托人在其身后对其遗产（即信托财产）进行管理，并根据遗嘱信托规定向受益人分配。

这里的受益人通常是指遗嘱中的法定继承人，遗嘱信托除受原《继承法》的法律规范约束之外，还需遵循《信托法》相关的法律法规约束。

遗嘱信托能满足遗嘱订立人生前的个性化意愿。比如，能解决一些特殊继承人（如胎儿、智障或身患疾病、残疾的或有特殊生活习性的人等）无法有效管理和使用遗产的困境；同时，对继承人之间关于遗产的纷争也能很好地化解。

比如，以前家族财富在传承过程中会出现各种纠纷，原因有两点，一是立遗嘱人所立遗嘱的内容或效力存在问题，导致遗嘱内容无法实现；二是立遗嘱人立遗嘱后没有有效的执行人帮助其完全按照意志执行，导致遗嘱无法最终以立遗嘱人的意识实现其本来的意义。透过遗嘱信托，由受托人确实依照遗嘱人的意愿分配遗产，并为照顾特定人做财产规划，不但能防止纷争，也能通过结合信托的规划方式，使该遗产及继承人更有保障。

归纳起来，遗嘱信托主要有以下三个优势：

（1）传统遗嘱的分配方式是一次性给付，但遗嘱信托可以实现长远且多元化的分配，可以精准实现财产传承，也可以通过遗嘱执行人的理财能力，弥补继承人无力或无效理财的缺陷。

（2）信托财产具有相对独立性，具有财产隔离功能，可以减少因遗产所产生的纷争，使遗产更加稳定及安全。

（3）遗嘱信托可让财富的传承更有整体性，部分遗产可以被更有效地利用，使财富的传承发挥最大作用。

遗嘱信托能更好地实现遗嘱人的精准意愿，实现原《继承法》中对继承人顺位的突破，不受任何人的干预。

③ 设立遗嘱信托需要注意什么？

遗嘱信托形式虽然得到了法律确认，但在实践中的成功案例并不多见。究其原因，一方面是对遗嘱及信托这两种法律传承工具的普及宣传教育还不够，民众对信托的认知更是少之又少；另一方面，实践中很多想订立遗嘱信托的人会在选择受托人时产生很大顾虑。

因此，设立一份有效的遗嘱信托最应当注意的问题是，不能将其仅仅视为一份普通的遗嘱，除保证遗嘱本身合法有效之外，还应结合我国《信托法》的相关规定进行架构设计。

合法有效的信托的设立，一般需要审查信托当事人的生效要件、信托财产生效要件、信托行为生效要件及信托目的的合法性，否则这份遗嘱信托不仅起不到信托的作用，很可能会成为一份无效遗嘱，最终遗嘱订立人去世后，其遗产仍然要走法定继承程序。

如在江西省高院裁判的曾某遗嘱案中，曾某订立的遗嘱内容为"剩余财产成立曾氏基金，由侄子曾一、曾二管理使用"，可见曾某生前的真实意愿是利用遗产成立基金会，用于公益事业，基金会由曾一、曾二管理，即用遗嘱形式成立信托。但遗嘱信托必须符合原《继承法》和《信托法》的相关规定。

本案在一审诉讼期间，曾家村小组召开村民会议，讨论决定按曾某生前的遗嘱成立曾氏基金会，对基金会的管理、财产使用等情况均做了决定。曾一、曾家村小组认为，这是执行遗嘱的行为。

但法院认为，曾家村小组的行为突破了曾某生前的遗嘱内容，遗嘱没有授权曾家村小组管理使用和处分遗产。曾一、曾二虽然是遗嘱指定的曾氏基金管理人，但遗嘱对于曾氏基金的财产范围、受益人范围均未明确表示，且曾一、曾二至今也未成立基金会，依据《信托法》第十一条"信托财产不能确定、受益人或者受益人范围不能确定的信托无效"的规定，遗嘱所设立信托无效。

最高人民法院对相关遗产纠纷案件曾有批复："只要法律无禁止性规定，民事主体的处分自己私权利行为就不应当受到限制。"法院认为，曾某生前的遗嘱是其真实意思表示，应受法律保护，但其遗嘱信托内容过于简单，曾氏基金的财产范围、受益人范围均无法确定，该遗嘱无法执行。最终不能认定为遗嘱信托，故法院不予支持。

同样，在"遗嘱信托第一案"中，法院也是依据《信托法》的规定，结合立遗嘱人设立信托之目的、形式、内容等，认定涉案遗嘱信托有效。

④ 如何订立一份遗嘱信托?

（1）遗嘱人提前规划安排遗嘱，确保遗嘱人所订立之遗嘱的有效性。

（2）事先充分协商，确定受托人及其职责。如拟设立遗嘱信托的财产包含家族企业股权，或其他需要由委托人指定的人进行管理的财产，遗嘱人可以在遗嘱中指定部分受托人担任管理受托人，负责企业管理等事务，指定信托公司担任托管受托人，持有并监督管理受托人的管理行为。

（3）进行遗嘱信托公证，确保信托效力稳定。公证被称为"遗嘱信托的守护者"。在遗嘱公证的同时进行遗嘱信托公证，可以为遗嘱信托的法律关系提供证据支撑和一定的公示效力。

（4）委托人死亡后，受托人承诺受托时，遗嘱信托即告成立。此时，受托人可以根据遗嘱的规定，请求遗嘱执行人将设立信托的遗产交付给受托人。对于法律、行政法规规定应当办理登记手续的信托财产，遗嘱执行人应当配合受托人办理相应的变更登记。为防止纠纷并增强设立遗嘱信托的可行性，遗嘱人可以在遗嘱中明确遗嘱执行与信托财产管理的关系。

律师建议 ▶▶▶ ···

　　无论是采用遗嘱信托还是其他继承方式，都是为了使自己及家族传承的遗产得到最大化分配和利用，并防止可能产生的争产纠纷。和传统遗嘱相比，遗嘱信托更适合高净值人群。这些相对富裕的人群打拼了一辈子，更希望自己的家人和后代能由此受益，家族兴旺的趋势能尽可能地延长。对他们来说，对自己的财富进行继承规划十分必要，也是保护资产的一种必要手段。由于目前遗嘱信托在国内的实践并不多，我们建议在准备设立遗嘱信托时应提前规划，运用多种传承方式相结合的方式，寻求一条最适合自己家族的传承方式，以确保财富传承的稳定性及可控性。

（陈艳芳）

遗产管理人，遗产的
"硬核"守护神

这段日子，小枫过得颇为艰难。小枫的爸爸老枫在不久前被诊断出患有喉癌。虽然老枫积极配合医院治疗，但还是在确诊 4 个月后不幸离世。

老枫生前当过兵，转业后一直从事工程承包项目。老枫的突然离世，打破了一家人平静的生活，之前老枫因承包项目、合伙、借贷等产生的债务没人承担，焦急的债主们接连上门要债。

小枫和枫妈作为老枫遗产的法定继承人，面对风雨中这个摇摇欲坠的家，心里充满了惆怅。继承老枫的遗产，这些东西卖了还不够还债的；不继承，一件遗物也没能留下来，也就没了念想。

继承遗产，不仅意味着继承死者的资产，也包括清偿其生前产生的债务——当然是在遗产范围内。有时候，遗产不是你争我抢的宝藏，而是众人皆避的烫手山芋。放弃继承似乎是很多被继承人避免清偿债务最好的方式。而那些债权人，眼睁睁着传统的父债子偿难以实现，内心也惆怅不已。

一个人的财产可能牵扯到兄弟姐妹、父母子女、生意伙伴、债权人或债务人等。当他去世后，其遗产并不能直接由继承人随意处置。原《继承法》第二十四条规定，存有遗产的人，应当妥善保管遗产，任何人不得侵吞或者争抢。

从实务来看，近年来，老百姓的财富不断积累，财产类型也趋于多元化，无形的财产逐渐增多。某些遗产官司财产数额巨大，人物关系、债权债务关系错综复杂，官司一打便是数年之久，遗产长期处于无人管理的状态，这样既不利于遗产的有效保护，也难以维护继承人、债权人的利益。

人没了，要做个财产的了断。谁来负责处置、分配这些财产？我们需要遗产管理人来帮助我们管理遗产，处理债权债务。

国外电影里也经常会出现这样的桥段：家族的长者去世，西装革履的律师召集家族成员开会，律师拿出封存的遗嘱向大家宣读，并表示这是家族长者生前的真实意愿，合法有效。后续律师会协助落实遗嘱相关内容。这里律师扮演的角色，类似于遗嘱执行人。

我国也有关于遗嘱执行人的规定。原《继承法》第十六条规定，公民可以指定遗嘱执行人。但该规定具有局限性，因为只有被继承人有遗嘱时，才存在遗嘱执行人，而在法定继承情况下则不能适用。

原《继承法》颁布于 1985 年，陪着我们度过了 35 个春秋。顺应时代的发展，《民法典》新增了遗产管理人制度，从第一千一百四十五条到第一千一百四十九条对遗产管理人的产生、职责、义务、报酬做了规定。

① 谁可以做遗产管理人？

黄老打拼一生，建立了庞大的商业帝国。他在生前立下遗嘱，指定其管家小赵为遗嘱执行人。那么，小赵就成了黄老的遗产管理人。

如果黄老没有指定遗嘱执行人，则由黄老的继承人徐老（妻子）、黄大（大儿子）、黄二（小儿子）推选出一名遗产管理人。倘若这三位继承人关系非常和谐的话，这一步的实现会非常简单。

但如果大部分继承人不能达成一致，那么三位继承人将共同担任遗产管理人。

如果黄老是个孤寡老人，妻子、儿女早已过世，自己在养老院或者村里独自生活，那么黄老去世后，黄老生前住所地的民政部门或者村民委员会担任其遗产管理人。

从黄老的例子中，我们可以总结出以下几点：

（1）继承开始后，遗嘱执行人为遗产管理人。被继承人在遗嘱中指定遗嘱执行人的，应当由遗嘱执行人行使遗产管理人的职责。

被继承人在遗嘱中明确指定遗产管理人的，属于被继承人根据自己的意志对遗产管理事项作出安排，理应尊重。遗嘱指定的遗产管理人并非不可改变，如果对遗产管理人的确定有争议的，利害关系人可以寻找法院请求救济。

（2）没有遗嘱执行人的，继承人应当及时推选遗产管理人。我国采取当然继承主义，遗产权利应当归属于各继承人。全体继承人可以推选一人或数人作为遗产管理人，由其进行遗产管理活动。

（3）继承人未推选遗产管理人的，应由全体继承人共同担任遗产管理人，行使遗产管理人的职责。

（4）没有继承人或者继承人均放弃继承的，由被继承人生前住所地的民政部门或者村民委员会担任遗产管理人。

你看，可以有很多选择，不用担心选不出遗产管理人，《民法典》第一千一百四十五条已经安排得明明白白了。

② 遗产管理人的职责是什么？

顺着上面的故事往下说，黄老指定管家小赵为遗产管理人。于是，小赵有条不紊地开始了他的工作。首先，小赵需要对黄老包括房子、车子、钱在内的所有财产进行一一清点。整理好后，小赵就可以告诉黄老的三位继承人徐老、黄大、黄二，这些财富都是黄老为你们辛苦打下的江山。在正式分配前，小赵要好好保管黄老的遗产，同时对于黄老生前与他人签署的并未履行完毕的合同，小赵也要继续处理。

从小赵的工作中我们可以看到，遗产管理人的事情包括：

（1）清理遗产并制作遗产清单。清理遗产，应包含查清遗产的名称、数量、地点、价值等状况。在查清遗产的基础上，遗产管理人应当编制遗产清单，全面、准确地载明遗产具体情况。遗产清单制作完成后，可以进行公证。

（2）向继承人报告遗产情况。遗产管理人应向继承人报告，使继承人掌握被继承人遗留的遗产情况。

（3）采取必要措施防止遗产毁损。在遗产管理人管理遗产时，为了保护遗产，需要采取必要的处分措施，如变卖易腐物品、修缮房屋、进行必要的营业行为、收取到期债权等。如果遗产管理人的行为对继承人、受遗赠人等造成损害，应由遗产管理人承担赔偿责任，如遗产管理人将遗产无偿赠予他人、将遗产故意毁坏等。在遗产管理中，如果有必要进行诉讼的（如为了取得到期债权），遗产管理人可以向法院提起诉讼。

（4）处理被继承人的债权债务。遗产管理人在通知或公告后，以遗产的实际价值为限对遗产债务进行清偿。只有在清偿完毕债务后尚有剩余遗产的，才能按照被继承人的遗嘱或法定继承执行。

（5）按照遗嘱或者依照法律规定分割遗产。在继承开始后，如果存有被继承人遗产的人不是继承人，或者存有遗产的是放弃继承权的继承人，应当将遗产集中管理。如果只有一个继承人，应当及时将遗产移交给继承人；如果有两个及以上继承人的，则应当分割遗产，将分割后的遗产交给继承人。

（6）实施与管理遗产有关的其他必要行为。除上述事项外，遗产管理人还应查明被继承人是否留有遗嘱及遗嘱的真实性、合法性。同时，遗产管理人应当查明并且通知接受遗产的权利人，包括继承人、受遗赠人、遗赠扶养协议中的扶养人等，也应当查明被继承人的债权人和债务人，使其表明是否继承遗产、接受遗赠或申报债权等。

不得不感叹，遗产管理人的责任真是重于泰山啊！

③ 怎么约束遗产管理人？

如果小赵在整理黄老的遗产时，看到黄老留下的巨额财富一时眼红，将黄老收藏的几幅价值不菲的名人字画偷偷拿回自己家中。那么，黄老的继承人徐老、黄大、黄二均可以要求小赵返还，如果小赵在占为己有的过程中对名人字画造成了破坏，比如一不小心撕了一个口子，继承人还可以对小赵主张赔偿。

遗产管理人在管理分配遗产过程中，有可能违反善良管理人的注意义务，导致遗产减少，损害继承人的财产利益；也有可能违反忠实义务，利用手中的职权为自己牟取不正当的财富。所以，《民法典》规定，遗产管理人因故意或者重大过失造成继承人、受遗赠人、债权人损害的，应当承担民事责任。

唯有使任何损害利害关系人利益的行为受到追究，才能对遗产管理人的侵权行为起到警示作用，从而督促其尽职尽责地履行义务。

④ 需要支付给遗产管理人报酬吗？

在小枫的案例中，最终小枫和母亲去公证处做了公证，放弃继承老枫的遗产，其他作为第二顺位继承人的亲戚也都书面表示放弃继承。小枫和母亲找了一家律师事务所，希望律师能对老枫的债务债权进行专业处置。律所组织律师团队，以"遗产管理人"身份介入并开展遗产管理人的工作。

由于该律师团队成了老枫的"遗产管理人"，所以 2019 年 10 月 14 日，受理童某某诉老枫民间借贷纠纷案的广西壮族自治区某人民法院将传票、应诉及举证通知书送达该律师事务所，由律师处理相关事务。

当然，小枫和母亲找律师帮忙，对老枫的债务债权进行专业处置，是要付酬的。由此我们可以了解到，遗产管理人可以依法或者根据约定获得报酬。

遗产管理人制度的确立，对于维护遗产权利人利益、实现遗产公平分配、保障交易安全具有重要意义：第一，遗产管理人能够更为妥善公平地处理被继承人的债权债务及遗产分配，避免大量涉及遗产的债权债务或继承纠纷产生；第二，遗产管理人能够更好地使遗产保值，特别是对于需要及时处置或采取保护措施的遗产，能有效避免因管理不善而减损遗产价值，否则等到官司结束，可能遗产就不值钱了。

那么问题来了，既然《民法典》已经增设了遗产管理人制度，我们是不是就可以高枕无忧了呢？

也未必。目前《民法典》对于遗产管理人制度的规定过于原则化，对工作的具体细则、报酬标准、遗产管理人的监管等问题，还需要法律法规来细化明确。

律师建议 ▶▶▶ ···

《民法典》将遗产管理人从一个可以存在的角色变成了遗产继承中必须存在的角色，即便是无人继承的遗产，也将由住所地的民政部门或者村民委员会进行兜底，按法律规定对公民遗产进行处置。如果公民遗产数额较大、情况较复杂的，当事人可以考虑聘请专业的第三方机构（如律师事务所等）进行专业处置。相比第三人或者继承人担任遗产管理人而言，第三方机构能够利用其专业性，采取合理的措施使遗产保值增值，且由于其中立地位，能够确保遗产分配公平、公正，从而避免公民部分遗产被有心之人转移、隐匿、私分、侵吞等情形，损害继承人、受遗赠人、债权人等的利益。

遗产管理人制度的确立，迈出了科学管理遗产的一大步，但还需要时间对其不断进行细化和完善，值得期待。当事人也应当提前进行合理的财产规划，让财富传承，让亲情延续，让社会平稳发展。

（梅钰）

新时代也讲"武德"，让优良家风给美好生活"加持"

家风在书里吗？家风不止在书里，家风也在你身边，在你耳边，更在你心头。

可在现实中，有些人却找不到、看不见，或者忘却了。

曾经许下誓言要夫妻携手一生，当激情退去之后，却轻易离弃，忘记选择即责任；带孩子来到人间，本该好好爱护，稚嫩的生命却在无所不在的暴力争吵声中艰难成长，白纸被泼上浓墨。我陪你长大，你陪我变老，本是父母和子女间最美的故事。但有人戏言，如今养孩子就像放卫星，花费大量心血确保每个细节和数据的正确，时刻警醒不让卫星有任何偏离轨道的可能，最后一朝发射成功，孩子考上大学，就像卫星消失在茫茫的外太空，只会定期或不定期地发回来一些微弱的信号："给点钱，给点钱……"把生活费发过去，叮嘱孩子吃好穿暖，"卫星"又发回来微弱的信号："别叨叨，别叨叨……"

周围的世界仿佛变了，但是究竟是从什么时候开始变的呢？

据民政部 2020 年第一季度例行新闻发布会公布的数据显示，2019 年度我国结婚登记的夫妻有 947.1 万对，而离婚登记的夫妻高达 415.4 万对，而且此离婚登记数据并不包括通过法院诉讼离婚的数量。

据中国裁判文书网上的数据显示，近 4 年，婚姻家庭纠纷案件数量都超过 150 万件且高居不下，而离婚纠纷案件的数量在婚姻家庭纠纷案件数量中占比高达 80% 左右。

家风建设，俨然已成为影响家庭幸福、社会和谐的重要因子。

国是放大版的家，家是缩小版的国。

家风，事关家国，事关千秋万代。

从《颜氏家训》的修身齐家治学，到《曾国藩家书》的家俭人勤父慈子孝，再到《钱氏家训》的利天下利万世忠厚传家，从古至今，家风文化源远流长。

家风，仅仅是一种道德吗？家风是书写在纸上的法律，更是刻在你我心中的良知。

《民法典》第一千零四十三条规定："家庭应当树立优良家风，弘扬家庭美德，重视家庭文明建设。夫妻应当互相忠实，互相尊重，互相关爱；家庭成员应当敬老爱幼，互相帮助，维护平等、和睦、文明的婚姻家庭关系。"

与该法律交相呼应，传承好家风，弘扬社会主义核心价值观，也是对党的十九大精神的学习贯彻。

家风，可谓是苍劲老树再吐新芽，不可谓不深情。

① 家风，是道德，更是法律

在《习近平谈治国理政》第二卷中，习近平总书记强调"家风是一个家庭的精神内核""家风是社会风气的重要组成部分"。

为充分发挥家风的"育人"功能，《民法典》第一千零四十三条赋予了优良家风法律地位："家庭应当树立优良家风，弘扬家庭美德，重视家庭文明建设。"

同时，《民法典》第一千零四十三条也保留了原《婚姻法》第四条规定"夫妻互相忠实、家庭成员敬老爱幼"的基本原则，将家风建设作为婚姻家庭基本原则，以法律形式确定下来，实现了婚姻家庭关系的德法共治。

树立优良家风入法，也落实了《民法典》"总则编"第一条对"弘扬社会主义核心价值观"的要求。家风作为一个家庭的风格、风气与风尚，能潜移默化地影响家庭成员的价值观。因此，树立优良家风入法，是社会主义核心价值观融入《民法典》的重要体现，发挥了社会主义核心价值观在婚姻家庭关系中的导向作用，提升社会整体风气。

如果说在《民法典》颁布前，家风建设更多是作为道德要求存在，那么《民法典》施行后，优良家风以法律形式固定下来，这也表现了立法者对于婚姻家庭关系中道德伦理规则的尊重。

可以说，民法典时代，家风建设实现了德法共治。

需要注意的是，《民法典》第一千零四十三条虽然将优良家风以法律形式固定下来，但这并不意味着当事人能仅以该条法律为依据提起诉讼。

《最高人民法院关于适用〈中华人民共和国民法典〉婚姻家庭编的解释（一）》第四条规定："当事人仅以民法典第一千零四十三条为依据提起诉讼的，人民法院不予受理；已经受理的，裁定驳回起诉。"

② 婚姻自由，自由却不是脱缰的野马

夫妻忠实，是优良家风的体现之一。

为落实夫妻忠实义务，《民法典》第一千零八十七条从财产分割方面惩戒婚姻中的"过错方"。《民法典》第一千零八十八条从财产分割方面补偿照顾家庭较多的"回归家庭者"。

小姚和小周青梅竹马，两人兜兜转转步入婚姻殿堂，并育有一个可爱的女儿。起初，一家三口生活幸福，小周负责在外打拼，小姚在家照顾女儿。但是，在柴米油盐的消磨中，小周渐渐觉得和小姚失去了共同话题，小姚则觉得小周不再关心自己，两人争吵不已。

这时，小周认识了年轻漂亮的小张，干柴烈火下，小周出轨了。为了和小张在一起，小周起诉离婚并要求分割财产。

小周出轨在先，法院会怎么判呢？

《民法典》施行前，在财产分割上，小姚只有证明小周出轨达到"重婚"和"同居"程度时，方可主张离婚损害赔偿。为了让小周安心工作，小姚一直在家抚养女儿和照料老人，她可据此主张补偿吗？

答案是否定的。

虽然原《婚姻法》第四十条规定："一方因抚育子女、照料老人、协助另一方工作等付出较多义务，可以向另一方请求补偿。"但"照顾家庭方"获得补偿的前提是，夫妻双方书面约定婚姻关系存续期间所得的财产归各自所有。

但是，我们虽然接触过无数起婚姻案件，对婚内财产作出书面约定的夫妻少之又少。这就导致在婚姻出现问题时，辞去工作只主内的一方不能获得补偿。

《民法典》施行后，情况会有所不同。《民法典》第一千零八十八条取消了补偿照顾家庭较多的"回归家庭者"的前提，即便没有书面约定婚姻关系存续期间所得的财产归各自所有，回归家庭者也可主张补偿。

另外，《民法典》第一千零八十七条也明确规定，离婚时，夫妻共同财产分割按照照顾子女、女方和无过错方权益的原则判决。

所以，在小姚和小周的离婚纠纷中，如果小姚可以搜集到小周已与小张"重婚"或"同居"的证据，小姚可以向小周主张离婚损害赔偿。同时，由于小姚因抚育子女、照料老人付出较多，小姚也可以向小周主张经济补偿。当然，法院在判决时，也会考虑小周在婚姻中的过错，按照照顾无过错方权益的原则判决。

这进一步践行了《民法典》第一千零四十三条"家庭应当树立优良家风，夫妻应当互相忠实，互相尊重，互相关爱"的精神。

③ 父母的言行，是孩子成长的无字宝典

每个孩子，都是原生家庭的影射。

电影《少年的你》中，那个独立镜头相加不到 1 分钟的罗婷，是一个校园施暴者。她为什么会成为这样的人？

有两个情节令人心痛：一个镜头是罗婷被劝退，父亲去学校求老师被拒绝，罗婷的父亲转头就给了罗婷狠狠一巴掌；另一个

镜头是，罗婷面无表情地背起喝得烂醉如泥的父亲回家。渴望爱，又缺少爱，这就是罗婷在整部影片中带给观众的感受。

罗婷的父亲暴力又酗酒，母亲在罗婷的成长中一直缺席，生活在这样原生家庭里的她，没有人教会她如何爱，她也不知道如何与世界温柔相处。父亲的"言传身教"，让她学会了用暴力处理问题。

艺术源于生活，父母对孩子的暴力虐待与冷暴力及家庭不和谐，是产生校园暴力与校园霸凌等未成年人违法犯罪事件的重要原因之一。

父母是孩子的第一任老师，优良家风有利于孩子完善人格，平等、和睦、文明的家庭关系有助于构建孩子的价值观。建设优良家风入法，家风建设可能会成为考察监护人是否尽到监护职责的重要依据，在变更监护人及认定被监护人侵权案件中，家风可能成为法官的考量因素。

小吴、小张、小黄系未成年人。某日，小吴、小张、小黄在玩火时因疏忽引发火灾，该火灾事故导致肖某受伤并造成经济损失。肖某遂将小吴、小张、小黄的父母起诉至法院，要求小吴、小张、小黄的父母承担损害赔偿责任。

法院最终判决肖某的经济损失由小吴、小张、小黄的监护人平均承担赔偿责任，并在判决的"本院认为"部分，着重点出了家风对被监护人品德修养的重要性："家庭是未成年人成长的摇篮，父母是孩子的第一任老师，只有家教有方、家风良好，才能培养好孩子的品德修养。父母作为孩子的法定监护人依法履行监护的权利，受法律保护。但如果父母管教不严，致使孩子实施不法行为造成他人损失的，由父母承担民事责任。"

家风是无字的宝典，更是无言的教育。

④ 孝顺父母，父母有时期盼的不过是常回来看看

"我现在，也就是在家里等死了。"时常会听到高龄的老人这样说。

长期与孤独为伴的老人，尤其是"空巢老人"，或许等的不是死，而是儿女常回来看看。

对于 77 岁高龄的储老太来说，孩子回家的路很近，但又好像很远。日复一日的等待和孤独消磨了储老太的耐心，最终，储老太一纸诉状将女儿马某与女婿朱某告上法庭，在庭审上要求女儿女婿定期看望自己，这是为什么呢？

储老太和已经去世的老伴原本有两套房屋，为了日后养老送终，老两口将其中一套房屋变卖，将房款交给女儿，约定以后的养老送终均由女儿负担。随后，夫妻二人就按照约定，搬去与女儿同住。刚开始，大家其乐融融，互相照顾。但自从储老太的老伴去世以后，储老太与女儿一家的矛盾逐渐爆发，储老太一气之下搬去与儿子同住，女儿也不再去探望储某。一年以后，储老太将女儿和女婿起诉到法院，要求女儿和女婿定期看望自己。

法院支持了储老太的诉请，判决女儿马某至少要保证两个月一次的看望，每年重大传统节日，女儿需保证至少两次的看望，除夕至元宵节期间，女儿需保证至少一次的看望。如果女儿不履行判决书上所列义务，储老太可以向法院申请强制执行。

赡养义务，除了经济上供养的义务，还包括生活上照料与精神上慰藉的义务，与《老年人权益保障法》第十八条相互照应，《民法典》第一千零四十三条规定的"家庭成员应当敬老爱幼"等原则，将成为家庭成员是否履行赡养义务的判断标准。

比如，除考察子女是否对老人尽到物质赡养义务之外，还需要考察子女对老人精神上和生活上的照顾，考察是否让老人处在平等、和睦、文明的家庭关系中，考察老人是否感受到精神幸福与家庭幸福。

我陪你渐渐长大，你陪我慢慢变老。

愿儿女们回家的路，不再遥远。

律师建议 ▶▶▶ ......

　　家风不仅写在纸上，更铭刻在你我心中。有人说，家风建设写入《民法典》，如枯木逢春，古老苍劲的树上再展生机。

　　《民法典》婚姻家庭编规定的树立优良家风，弘扬家庭美德，已经不再仅仅是一句简单的倡导，而是落实为实实在在的经济代价。

　　家风建设不再仅仅是道德倡议，更是国法大典中彰显的法律约束。但这又不仅仅是法律约束，因为最高的法律不是纸面的法律，而是你我心中的良知。夫妻同心，老吾老以及人之老，幼吾幼以及人之幼。让我们树立优良家风，利家，利国。

（吴晓洁、冯雨禾）

附件一　《意定监护协议》模板

意定监护协议

甲方（委托方、意定被监护人）：

姓名：＿＿＿＿＿＿　性别：＿＿＿＿　民族：＿＿＿＿＿

出生日期：＿＿＿＿年＿＿＿＿月＿＿＿＿日　职业：＿＿＿＿

身份证号码：＿＿＿＿＿＿＿＿＿＿＿＿＿＿＿＿＿＿＿

现住址：＿＿＿＿＿＿＿＿＿＿＿＿＿＿＿＿＿＿＿＿＿

联系电话：＿＿＿＿＿＿＿＿＿＿＿＿＿＿＿＿＿＿＿＿

乙方（受托方、意定监护人）：

姓名：＿＿＿＿＿＿　性别：＿＿＿＿　民族：＿＿＿＿＿

出生日期：＿＿＿＿年＿＿＿＿月＿＿＿＿日　职业：＿＿＿＿

身份证号码：＿＿＿＿＿＿＿＿＿＿＿＿＿＿＿＿＿＿＿

现住址：＿＿＿＿＿＿＿＿＿＿＿＿＿＿＿＿＿＿＿＿＿

联系电话：＿＿＿＿＿＿＿＿＿＿＿＿＿＿＿＿＿＿＿＿

丙方（意定监护监督人）：

姓名：＿＿＿＿＿＿　性别：＿＿＿＿　民族：＿＿＿＿＿

出生日期：＿＿＿＿年＿＿＿＿月＿＿＿＿日　职业：＿＿＿＿

身份证号码：＿＿＿＿＿＿＿＿＿＿＿＿＿＿＿＿＿＿＿

现住址：＿＿＿＿＿＿＿＿＿＿＿＿＿＿＿＿＿＿＿＿＿

联系电话：＿＿＿＿＿＿＿＿＿＿＿＿＿＿＿＿＿＿＿＿

　　根据《中华人民共和国老年人权益保障法》及《中华人民共和国民法典》等相关法律的规定，甲方拟委托乙方担任自己将来丧失或部分丧失民事行为能力时的监护人、选任丙方担任监护监督人，并按照财产管理不相容原则，分配乙、丙的职责。甲、乙、丙三方按照诚信原则，为最大限度维护甲方权益，经协商一致，立此合同，以资共同遵循履行。

第一条　委托代理事项

　　1. 乙方接受甲方的委托，在甲方将来丧失或部分丧失民事行为能力时担任甲方的监护人，行使监护职责、履行监护事务。具体包括人身监护、日常消费、财产收入、死后事务、财产继承及债务处理等事务。

　　（1）人身监护方面：①照顾甲方的生活起居，助餐、助浴，保证甲方身体及衣物的清洁；②代理参加护理合同、家政合同、福利机构入住合同的缔结、变更和解除及费用的支付；③代理甲方缔结医疗服务合同，签署术前同意书，特殊治疗、特殊检查同意书；④代理甲方对其入住的养老机构的服务质量进行监督及提出改进建议等；⑤作为民事代理人，代理甲方参加诉讼、仲裁；⑥安排就医、疗养等事宜；⑦其他关于人身监护方面的事项；⑧保管甲方的身份证、印鉴、社保卡、老年证等证件。

　　（2）财产管理方面：①代理甲方对退休金、租金、股权收益的收取；②代理甲方对存款、基金、股票的收取；③代理甲方对房租、公共费用、住院医疗费用、入住养老机构费用的支付；④代理甲方支付生活费、日用品的花销；⑤代理甲方缔结保险合同以及保险金的受领和管理；⑥代理甲方处理小额债权债务事项，处理大额债权债务需通知丙方且取得丙方书面同意；⑦其他涉及财产监护管理的事项。

对以上财产管理实行收支两条线，禁止坐支，将上述应归属于甲方的收入打入由丙方管理的甲方账户内，按实际需要向丙方申领。

在出现了危及甲方生命、生活的情形（如甲方重病，急需资金入院救治）时，且穷尽其他解决途径仍无法解决时，乙方经通知丙方且取得丙方书面同意的前提下，可代理甲方对不动产、车辆、收藏字画及其他重要财产的管理和处分，且处分收入的款项须打入由丙方保管的甲方账户内。

（3）死后事务和财产继承事务：①火化遗体、办理殡葬仪式并支付费用；②开具死亡证明、火化证明；③办理销户；④领取丧葬补助费和死亡抚恤金；⑤办理商业保险的赔偿事宜；⑥乙方将其管理的甲方的财产移交给甲方的继承人或遗嘱执行人（有遗嘱且有遗嘱执行人的）；⑦协助继承人清理监护期间形成的债权债务等事宜。

2. 甲方选任丙方担任监护监督人，负责保管甲方的财产并监督乙方的监护行为。

（1）财产保管方面：①对甲方不动产、车辆、收藏字画及其他重要财产的保管；②对甲方存款、存折、银行卡、工资卡、基金、股票等金融财产进行保管；③对甲方房屋产权证书、股权证书、车船产权证等重大书面权利凭证的保管；④管理甲方日常收入账户，督促乙方维护甲方的利益并将相关收益转至甲方日常收入账户；⑤按乙方报告的甲方日常消费向乙方支付，重大消费情况经核实后向乙方支付；⑥记录好乙方经手开支的甲方消费账务，做到账实相符。

（2）监护监督方面：①在乙方侵占甲方财产或乙方重大过失行为致甲方财产损失时，通过代表甲方向法院起诉等方式向乙方追偿；②其他涉及财产监护管理的事项；③在乙方不积极履行职责时向乙方进行警示，经多次警示无效时，代表甲方向法院起诉恢复法定监护。

第二条 意定监护报酬及支付方式

1. 乙方的意定监护报酬为每月_____元人民币（大写），丙方的监督报酬为每月_____元人民币（大写）。

2. 支付时间为监护开始后的每月_____日。

3. 支付方式为：丙方每月按照约定时间将双方的报酬一并从甲方的账户中转账给乙方，乙方再将丙方的监督报酬转给丙方，并将转账凭证记账保存。

第三条 乙方的权利和义务

1. 有获得报酬的权利。

2. 乙方履行其监护职责时，应当在法律允许的范围内行使监护权，并且要尊重甲方的意愿，同时还要照顾其身心状态及生活状况，保护甲方的生命和健康安全，维护其人格利益。

3. 为了及时履行监护义务，自本合同签订之日起，乙方须每周与甲方电话联系一次，两周见一次面，确保及时、准确地了解甲方的身体状态。

4. 积极且负责地履行本合同约定的监护职责，依法切实保护甲方的人身、财产权益。

5. 乙方处理合同约定的监护事务时必须制作工作日志，详细记录处理事务的经过、日常开销费用及支出用途等，并保存票据，方便及时通报丙方。

6. 乙方每季度末须向丙方提交本季度的工作日志及相关资料（包括金钱出纳账、存款明细、发票、转账凭证、存折等的复印件），重大支出及时提交。

7. 乙方应当亲自处理本合同约定的监护事务。经请丙方同意，乙方可以转委托，转委托一事一商。转委托经同意的，乙方要对第三人的选任及其对第三人的指示承担责任。转委托未经同意的，乙方应当对转委托的第三人的行为承担责任，但在紧急情况下乙方为了维护甲方的利益需要转委托的除外。

所谓的"紧急情况"，是指由于急病、通讯联络中断等特殊原因，乙方自己不能办理监护事项，又不能与丙方及时取得联系，如不及时转托他人办理，会给甲方的利益造成损失或者扩大损失。

8. 为了筹措护理或住院费用，并取得丙方同意的情形下处分甲方的不动产时，在交付或拆毁前，要对房屋内进行清查，整理甲方的财物。

9. 在处理涉及甲方人身重大医疗决定，处理放弃继承、放弃较大数额的债权等事务时，有向丙方报告征得其书面同意的义务。

10. 将甲方的各项财产收入及时转入由丙方保存的甲方的指

定账户。

第四条　丙方的权利和义务

1. 监督乙方的代理、管理行为，有查验乙方定期提交的记载事务处理状况的工作日志及相关资料的权利和义务。

2. 有权随时要求乙方向自己报告监护事务处理状况及财务收支状况。

3. 丙方可以随时查阅乙方在监护过程中制作的监护记录、财产处置记录、日常开支单据等，调查甲方的财产状况。

4. 对涉及甲方重要人身利益及财产利益的重大事项，享有批准权。这些事项包括但不限于：处分不动产、车辆、收藏字画，对继承权益的拒绝或放弃，重大疾病的治疗措施的选择，数额较大的债权的放弃，为甲方选择住所等。

5. 在"紧急情况"下，在乙方的代理权限范围内，亲自做必要的处分。此处的"紧急情况"，是指乙方因客观原因（如生病、不在现场等）无法执行监护事务，不迅速采取措施就会给甲方带来损害的状况。

6. 在乙方有对甲方人身、财产权益等出现重大侵权行为，或者乙方不依约履行监护职责，不宜继续担任甲方的监护人时，有权依法要求乙方赔偿其对甲方造成的损失，并有权要求终止监护协议。

7. 按月将甲方日常生活所需开支打入乙方账户，重大开支按乙方提供的信息并经核实后打入相关的医院、养老机构等甲方实际消费的单位账户。

第五条　合同的生效

在甲方事实上丧失或部分丧失民事行为能力时起，本合同生效，乙方即根据本合同行使监护职责，丙方同时开始行使监督职责。

此处的"丧失或部分丧失民事行为能力"，是指甲的身体机能衰退，记忆能力和判断能力下降，事理辨识能力不足。

第六条　合同的解除和终止

1. 意定监护合同生效前，合同解除的情形：

（1）甲方在见证人的见证下随时可以解除合同。

（2）乙方死亡的。

2. 意定监护合同生效后，出现下列情形之一的，合同解除或终止：

（1）因乙方年老、疾病或迁居外地等原因，无法继续履行意定监护事务的。

（2）乙方因与甲方或其亲属间发生矛盾，不适合继续执行意定监护事务的。

（3）因乙方不履行监护职责，或滥用职权侵占甲方的财产、私自挪用甲方财产，侵害甲方的合法权益的。

（4）甲方死亡后，乙方已按照合同约定处理完毕死后事务及财产继承事务的。

（5）作为意定监护人的乙方死亡或丧失民事行为能力的。

（6）甲方恢复民事行为能力的。

因上述第（1）（2）种情形导致合同解除时，乙方应为甲方申请法定监护。乙方出现第（3）项情形时，丙方应向法院申请解除意定监护合同。因第（5）种情形引起的合同终止时，丙方须通知甲方的亲属或直接为甲方申请法定监护。

第七条　违约责任

1. 乙方不履行监护职责或履行职责不当，侵害甲方合法权益，给甲方造成财产损害的，乙方应承担赔偿责任。

2. 由于乙方消极怠慢疏于管理，甲方给第三人造成损害的，乙方应当承担相应的民事责任；如果能够证明自己确实无过错的，可以免责。

第八条　其他条款

1. 本合同未尽事宜，在合同生效之前，甲、乙、丙三方可以协商签订补充协议，补充协议与本合同具有同等法律效力。

2. 本合同一式三份，甲、乙、丙各执一份。

甲方：（签字并捺印）　　　乙方：（签字并捺印）

签订日期：　年　月　日　　签订日期：　年　月　日

丙方：（签字并捺印）

签订日期：　年　月　日

见证人：（签字并捺印）　　见证人：（签字并捺印）

签订日期：　年　月　日　　签订日期：　年　月　日

附件二　《遗嘱》模板

遗　嘱

立遗嘱人（下称"本人"）：

姓名：＿＿＿＿＿国籍：＿＿＿＿＿

民族：＿＿＿＿＿性别：＿＿＿＿＿

住址：＿＿＿＿＿＿＿＿身份证号码：＿＿＿＿＿＿＿＿＿＿

本人今年＿＿岁，现在精神正常，头脑清醒，经慎重考虑，特自书遗嘱如下。

一、个人财产情况

1. 存款：本人开立在＿＿＿＿银行＿＿＿＿支行（分理处）的账号为＿＿＿＿的＿＿＿＿银行账户中的存款，人民币＿＿＿＿元；

2. 房产：本人名下位于市区＿＿路（街道）＿＿号＿＿小区＿＿幢＿＿室的房产，房屋产权证编号为＿＿＿＿，建筑面积为＿＿平方米；

3. 股票：本人名下在证券公司营业部开立的证券账号为＿＿＿＿的证券账户中的所有股票（注明股票代码、简称、持股数）以及与之关联的在银行支行（分理处）开立的资金账户内的所有资金（注明金额）；

4. 股权：本人名下＿＿＿＿＿公司＿＿％的股权；

5. 其他。

二、财产继承

1. 前述第一条第 1 项的存款由＿＿＿＿继承；

2. 前述第一条第 2 项的房产由＿＿＿＿继承

3. 前述第一条第 3 项的股票由＿＿＿＿继承；

4. 前述第一条第 4 项的股权由＿＿＿＿继承；

......

遗嘱继承过程中因办理遗产转移登记手续等产生的所有相关费用由继承该项遗产的继承人自行承担，其他继承人需予以配合。

三、债务安排

本人目前负债情况如下：

债权人：＿＿＿＿债务金额：＿＿＿＿到期时间：＿＿＿＿＿

上述债务由各继承人在继承遗产的范围内按比例承担。

四、保留份额

（包括缺乏劳动能力又没有生活来源的继承人以及未出生的胎儿）

五、其他遗嘱内容

（例如：涉及精神层面的内容）

六、遗嘱执行人

姓名：＿＿＿＿＿＿＿，身份证号码：＿＿＿＿＿＿＿＿＿＿，联系方式：＿＿＿＿＿＿＿＿，职业：＿＿＿＿＿＿。

以上内容为本人遗愿，望大家遵照执行，和睦相处。

自书立遗嘱人：（签字并捺印）

受益人签字认可本遗嘱及内容：（签字并捺印）

见证人：（签字并捺印）

日期：　　　年　　月　　日